PASTA

DIE BESTEN REZEPTE

02

03

01

04

INHALT

01

PASTA-SALATE

FARFALLE-SALAT
MIT RIESENGARNELEN UND TOMATEN

ZUBEREITUNG

01. Die Farfalle nach Packungsanweisung in reichlich kochendem Salzwasser bissfest garen. In ein Sieb abgießen, kalt abbrausen und abtropfen lassen.

02. Die Zitrone heiß waschen und trocken reiben. Die Zitrone halbieren, den Saft auspressen und von einer Hälfte die Schale fein abreiben. Die Frühlingszwiebeln putzen, waschen und schräg in Stücke schneiden. Die Tomaten waschen und halbieren.

03. Die Avocado längs halbieren und den Stein entfernen. Die Hälften schälen, das Fruchtfleisch in Scheiben schneiden und sofort mit 1 bis 2 EL Zitronensaft beträufeln.

04. Die Farfalle mit den Frühlingszwiebeln, den Tomaten und dem Schnittlauch in eine große Schüssel geben. In einer kleinen Schüssel das Öl, den Essig, den restlichen Zitronensaft, Salz, Pfeffer, 1 Prise Zucker und die abgeriebene Zitronenschale zu einem Dressing verrühren.

05. Die Riesengarnelen waschen und trocken tupfen. Das Basilikum waschen, trocken schütteln und die Blätter abzupfen. Den Nudelsalat mit dem Dressing mischen und auf tiefe Teller verteilen. Die Avocadoscheiben und die Garnelen daneben beziehungsweise darauf verteilen und mit den Basilikumblättern garniert servieren.

TIPP — *Den unvergleichlich buttrigen Geschmack haben nur reife Avocados. Erhältlich sind aber leider oft harte, unreife Früchte — wickeln Sie diese in Zeitung, und lassen Sie sie einige Tage nachreifen.*

ZUTATEN
FÜR 4 PERSONEN

+ 350 g Farfalle
+ Salz
+ 1 unbehandelte Zitrone
+ 2 Frühlingszwiebeln
+ 200 g Cocktailtomaten
+ 1 Avocado
+ 2 EL Schnittlauchröllchen
+ 5 EL Olivenöl
+ 2 EL Weißweinessig
+ Pfeffer aus der Mühle
+ Zucker
+ 300 g Riesengarnelen (vorgegart; geschält)
+ 1 Handvoll Basilikum

LAUWARMER NUDELSALAT
MIT HÄHNCHEN UND TOMATEN

ZUBEREITUNG

01. Die Spiralnudeln nach Packungsanweisung in reichlich kochendem Salzwasser bissfest garen. In ein Sieb abgießen, kalt abbrausen und abtropfen lassen.

02. Die Hähnchenbrustfilets waschen, trocken tupfen und in mundgerechte Würfel schneiden. Mit Salz und Pfeffer würzen. Das Butterschmalz in einer Pfanne erhitzen und das Hähnchenfleisch darin bei schwacher Hitze etwa 6 Minuten rundum goldbraun braten.

03. Die Tomaten waschen, vierteln, entkernen und in kleine Würfel schneiden. Die Oliven klein schneiden.

04. Das Öl in einer Pfanne erhitzen und die Tomaten kurz darin schwenken. Mit Aceto balsamico, Salz und Pfeffer würzen. Die Tomaten und die Oliven mit den Nudeln vermischen. Das Hähnchenfleisch dazugeben, das Basilikum untermischen und den Salat sofort servieren.

TIPP — *Eine zusätzliche italienische Note erhält das Gericht, wenn man noch Mozzarellawürfel unter den warmen Salat mischt. Die Käsewürfel beginnen dann zu schmelzen.*

ZUTATEN
FÜR 4 PERSONEN

+ **250 g bunte Spiralnudeln**
+ **Salz**
+ **2 Hähnchenbrustfilets**
+ **Pfeffer aus der Mühle**
+ **2 EL Butterschmalz**
+ **4 Fleischtomaten**
+ **60 g schwarze Oliven (ohne Stein)**
+ **6 EL Olivenöl**
+ **2 EL Aceto balsamico**
+ **2—3 EL gehackte Basilikumblätter**

GARGANELLI-SALAT
MIT BROKKOLI UND THUNFISCH

ZUTATEN FÜR 4 PERSONEN

+ 250 g Garganelli (oder Penne rigate)
+ Salz
+ 1 Dose Thunfisch (im eigenen Saft)
+ 250 g Brokkoliröschen
+ 250 g Tomaten • 1 Schalotte
+ 1 Knoblauchzehe • 3 EL Olivenöl
+ Pfeffer aus der Mühle
+ 1 EL Weißweinessig
+ 50 g frisch geriebener Parmesan
+ einige Basilikumblätter
  (in feine Streifen geschnitten)

ZUBEREITUNG

01. Die Garganelli nach Packungsanweisung in einem großen Topf in reichlich kochendem Salzwasser bissfest garen.

02. Den Thunfisch mit einer Gabel in grobe Stücke teilen. Die Brokkoliröschen in kochendem Salzwasser etwa 7 Minuten blanchieren, eiskalt abschrecken und abtropfen lassen.

03. Die Tomaten waschen und in kleine Spalten schneiden, dabei die Stielansätze entfernen. Die Schalotte und den Knoblauch schälen und in feine Würfel schneiden.

04. Das Öl in einer Pfanne erhitzen, die Schalotten- und Knoblauchwürfel darin glasig dünsten. Die Brokkoliröschen und die Tomatenspalten dazugeben und kurz mitdünsten.

05. Die Garganelli in ein Sieb abgießen, abtropfen lassen und mit dem Brokkoli und den Tomaten mischen. Mit Salz, Pfeffer und Essig würzen.

06. Die Thunfischstücke vorsichtig unterheben und den Salat mindestens 30 Minuten durchziehen lassen. Mit geriebenem Parmesan und Basilikumstreifen servieren.

SPAGHETTI-SALAT
MIT SPINAT UND KARTOFFELN

ZUTATEN FÜR 4 PERSONEN

+ **250 g Spaghetti**
+ **Salz**
+ **2 rote Paprikaschoten**
+ **4 Kartoffeln**
+ **9 EL Olivenöl**
+ **400 g junger Spinat**
+ **80 g schwarze Oliven (ohne Stein)**
+ **2 Knoblauchzehen**
+ **2 EL Aceto balsamico**
+ **1 TL mittelscharfer Senf**
+ **Pfeffer aus der Mühle**

ZUBEREITUNG

01. Die Spaghetti nach Packungsanweisung in einem großen Topf in reichlich kochendem Salzwasser bissfest garen. Abgießen, kalt abbrausen und abtropfen lassen.

02. Die Paprikaschoten längs halbieren, entkernen, waschen und in grobe Stücke schneiden. Die Kartoffeln schälen, waschen und in kleine Würfel schneiden.

03. In einer Pfanne 3 EL Öl erhitzen, die Kartoffelwürfel darin unter Rühren etwa 5 Minuten braten. Die Paprika dazugeben und kurz mitbraten.

04. Den Spinat putzen, waschen und in kochendem Salzwasser blanchieren. Abgießen, eiskalt abschrecken und gut abtropfen lassen. Die Oliven halbieren. Alle Zutaten für den Salat in einer großen Schüssel vermischen.

05. Für das Dressing den Knoblauch schälen und in feine Würfel schneiden. Den Aceto balsamico mit Knoblauch, Senf und Salz verrühren. Das restliche Öl unterschlagen, das Dressing mit Pfeffer würzen und über den Salat träufeln.

REISNUDELSALAT
MIT GARNELEN UND KORIANDER

ZUBEREITUNG

01. Die Reisnudeln mit kochendem Wasser übergießen und 10 Minuten quellen lassen. Anschließend in ein Sieb abgießen und abtropfen lassen, dabei etwas Kochwasser auffangen.

02. Die Garnelen kalt abspülen und trocken tupfen. Die Paprikaschote längs vierteln, entkernen, waschen und in dünne Streifen schneiden. Die Frühlingszwiebeln putzen, waschen und schräg in Ringe schneiden. Den Koriander waschen und trocken schütteln, die Blätter abzupfen.

03. Für die Marinade die Currypaste mit etwa 3 EL heißem Nudelwasser glatt rühren. Die Fischsauce und den Limettensaft unterrühren, nach und nach das Öl unterschlagen.

04. Die Reisnudeln mit einer Schere in mundgerechte Stücke schneiden. Die Nudeln in einer Schüssel mit den Garnelen, der Paprika, den Frühlingszwiebeln und dem Koriander vermischen. Die Marinade unterrühren und den Reisnudelsalat in Schälchen anrichten. Nach Belieben mit Limettenspalten und selbst gemachten Frühlingszwiebel- blumen (siehe Tipp) servieren.

TIPP — *Für die Frühlingszwiebelblumen Frühlingszwiebeln putzen, waschen und das Grün quer kappen. Die Blätter mehrmals fein längs einschneiden und in Eiswasser legen, bis sich die Blattspitzen kringeln.*

ZUTATEN
FÜR 4 PERSONEN

+ **100 g dünne Reisnudeln**
+ **200 g Garnelen (küchenfertig)**
+ **1 rote Paprikaschote**
+ **4 Frühlingszwiebeln**
+ **1 Bund Koriander**
+ **1 TL grüne Currypaste**
+ **1½ EL Fischsauce**
+ **ca. 2 EL Limettensaft**
+ **2 EL Sesamöl**

FUSILLI-SALAT
MIT RADICCHIO UND SALAMI

ZUBEREITUNG

01. Die Fusilli nach Packungsanweisung in reichlich kochendem Salzwasser bissfest garen. In ein Sieb abgießen, kalt abbrausen und abtropfen lassen.

02. Die Salami in dünne Streifen schneiden. Die Peperoni waschen und in Ringe schneiden. Den Staudensellerie putzen und waschen. Das Grün für die Deko beiseitelegen, die Selleriestangen in feine Scheiben schneiden.

03. Den Radicchio putzen, in einzelne Blätter teilen, waschen und trocken schleudern. Den Mozzarella in Würfel schneiden. Die Zwiebel schälen und in feine Würfel schneiden.

04. Den Knoblauch schälen und in feine Würfel schneiden. Mit Essig, Öl, Salz und Pfeffer in einer großen Schüssel mit dem Schneebesen zu einem Dressing verrühren.

05. Die Salamistreifen, die Peperoniringe, die Selleriescheiben, die Zwiebelwürfel, die Oliven und die Hälfte der Mozzarellawürfel mit den Nudeln zu dem Dressing in die Schüssel geben und gut vermischen.

06. Den Salat mit den Radicchioblättern und dem Selleriegrün anrichten und mit den restlichen Mozzarellawürfeln bestreuen.

TIPP — *Radicchio hat einen leicht bitteren Geschmack. Wer ihn nicht mag, legt den Salat kurz in warmes Wasser — auf diese Weise wird der Bittergeschmack gemildert.*

ZUTATEN FÜR 4 PERSONEN

+ **250 g Fusilli**
+ **Salz**
+ **100 g Salami (in Scheiben)**
+ **6 eingelegte grüne Peperoni**
+ **4 Stangen Staudensellerie (mit Grün)**
+ **1 Radicchio**
+ **1 Kugel Mozzarella (ca. 125 g)**
+ **1 Zwiebel**
+ **2 Knoblauchzehen**
+ **4 EL Weißweinessig**
+ **5 EL Olivenöl**
+ **Pfeffer aus der Mühle**
+ **100 g schwarze Oliven (ohne Stein)**

LAUWARMER NUDELSALAT
MIT TRAUBEN UND ZWIEBELN

ZUTATEN FÜR 4 PERSONEN

+ **350 g Farfalle**
+ **Salz**
+ **200 g rote kernlose Weintrauben**
+ **2 kleine rote Zwiebeln**
+ **4 EL Olivenöl**
+ **2 Handvoll Rucola**
+ **4 EL Rotweinessig**
+ **2 EL Traubenkernöl**
+ **Pfeffer aus der Mühle**
+ **Zucker**

ZUBEREITUNG

01. Die Farfalle nach Packungsanweisung in reichlich kochendem Salzwasser bissfest garen. In ein Sieb abgießen, kalt abbrausen und abtropfen lassen.

02. Die Weintrauben waschen und mit Küchenpapier trocken tupfen. Die Zwiebeln schälen, längs halbieren und in dünne Spalten schneiden. Das Olivenöl in einer Pfanne erhitzen und die Zwiebeln darin andünsten.

03. Den Rucola verlesen, waschen und trocken schütteln. Grobe Stiele entfernen und die Blätter nach Belieben ganz lassen oder in Stücke zupfen. Den Rucola mit den Trauben unter die Zwiebeln mischen, mit dem Essig ablöschen, das Traubenkernöl hinzufügen und mit Salz, Pfeffer und 1 Prise Zucker würzen.

04. Die Farfalle dazugeben, gut untermischen und den lauwarmen Nudelsalat auf Teller verteilen. Den Salat nach Belieben mit Brunnenkresse garnieren.

NUDEL-KÄSE-SALAT
MIT TOMATEN UND SELLERIE

ZUTATEN FÜR 4 PERSONEN

+ 250 g Hörnchennudeln
+ Salz
+ 250 g Cocktailtomaten
+ 2–3 Stangen Staudensellerie
+ 1 Möhre
+ 150 g Hartkäse (z. B. Emmentaler)
+ 4 EL Naturjoghurt
+ 2 EL Olivenöl
+ 30 ml Balsamico bianco
+ 1 EL Zitronensaft
+ Pfeffer aus der Mühle
+ Zucker

ZUBEREITUNG

01. Die Hörnchennudeln nach Packungs-anweisung in reichlich kochendem Salzwasser bissfest garen. In ein Sieb abgießen, kalt abbrausen und abtropfen lassen.

02. Die Tomaten waschen und halbieren. Den Staudensellerie putzen, waschen und in etwa ½ cm breite Scheiben schneiden. Die Möhre putzen, schälen und grob raspeln. Den Käse in etwa 1 cm große Würfel schneiden.

03. Den Joghurt mit dem Öl, dem Essig und dem Zitronensaft in einer großen Schüssel zu einem Dressing verrühren und mit Salz, Pfeffer und 1 Prise Zucker würzen.

04. Die Nudeln und das Gemüse zu dem Dressing in die Schüssel geben und gut vermischen. Den Nudelsalat noch ein-mal abschmecken und lauwarm oder kalt servieren.

SPAGHETTI-SALAT
MIT THUNFISCHSAUCE

ZUBEREITUNG

01. Die Spaghetti nach Packungsanweisung in reichlich kochendem Salzwasser bissfest garen. In ein Sieb abgießen, kalt abbrausen und abtropfen lassen.

02. Von den Bohnen die Enden abknipsen und dabei eventuell vorhandene Fäden abziehen. Die Bohnen waschen, in größere Stücke brechen und in reichlich kochendem Salzwasser etwa 10 Minuten garen.

03. Die Frühlingszwiebeln putzen, waschen und in feine Ringe schneiden. Den Thunfisch abtropfen lassen und mit einer Gabel in kleine Stücke teilen. Die Cocktailtomaten waschen und vierteln.

04. Essig, Öl, Senf und Crème fraîche zu einem Dressing verrühren, mit Salz, Pfeffer und Zucker abschmecken.

05. Die Bohnen in ein Sieb abgießen, abtropfen lassen und sofort mit dem Dressing vermischen. Den Thymian, die Frühlingszwiebeln und die Tomaten- und Thunfischstücke unterheben.

06. Die Spaghetti auf eine große Platte geben und die Thunfisch-Bohnen-Mischung darauf anrichten. Zitrone heiß abwaschen, trocken reiben und achteln, den Salat mit den Zitronenspalten garniert servieren.

ZUTATEN
FÜR 4 PERSONEN

+ **250 g Spaghetti · Salz**
+ **500 g grüne Bohnen**
+ **1 Bund Frühlingszwiebeln**
+ **1 Dose Thunfisch (im eigenen Saft)**
+ **10 Cocktailtomaten**
+ **2 EL Weißweinessig**
+ **5 EL Olivenöl**
+ **1 TL scharfer Senf**
+ **2 EL Crème fraîche**
+ **Pfeffer aus der Mühle**
+ **Zucker**
+ **1 EL getrockneter Thymian**
+ **1 unbehandelte Zitrone**

TIPP — *Thunfisch im eigenen Saft hat wesentlich weniger Kalorien als in Öl eingelegter Thunfisch. Der Hinweis „ohne Treibnetz gefangen" auf den Dosen garantiert einen ökologisch bewussten Fischfang.*

FUSILLI-SALAT
MIT KICHERERBSEN

ZUTATEN FÜR 4 PERSONEN

+ 80 g Kichererbsen
+ 300 g Fusilli • Salz
+ 1 grüne Chilischote
+ 2 rote Paprikaschoten
+ 1 Zwiebel
+ ½ Bund Salbei
+ 1 EL Butterschmalz
+ Pfeffer aus der Mühle
+ 125 ml trockener Weißwein
+ 2 EL Rotweinessig
+ 4 EL Olivenöl
+ 1 EL fein gehackte Petersilie

ZUBEREITUNG

01. Die Kichererbsen über Nacht in kaltem Wasser einweichen. Abgießen und etwa 2 Stunden bei schwacher Hitze in frischem Wasser garen, abgießen und abtropfen lassen. Fusilli nach Packungsanweisung in reichlich kochendem Salzwasser bissfest garen. In ein Sieb abgießen, dabei etwas Kochwasser auffangen.

02. Chili- und Paprikaschoten längs halbieren, entkernen und waschen. Die Paprikaschoten in etwa 1 cm große, die Chilischote in feine Würfel schneiden. Die Zwiebel schälen und ebenfalls in feine Würfel schneiden. Den Salbei waschen und trocken schütteln, die Blätter abzupfen und in Streifen schneiden.

03. Das Butterschmalz in einer Pfanne erhitzen und die Zwiebelwürfel darin andünsten. Paprika und Chili dazugeben, ebenfalls andünsten und mit Salz und Pfeffer würzen. Den Wein dazugießen und offen köcheln lassen, bis die Flüssigkeit verdampft ist. Den Salbei und die Kichererbsen unterrühren.

04. Essig, Salz, Pfeffer, Öl und Nudelwasser verrühren. Die Zutaten mit der Sauce vermischen und den Salat mit Petersilie bestreut servieren.

PAPPARDELLE-SALAT
MIT SCHAFSKÄSE UND ZUCCHINI

ZUTATEN FÜR 4 PERSONEN

+ **350 g Pappardelle • Salz**
+ **2 Zucchini**
+ **½ Bund Frühlingszwiebeln**
+ **2 EL Olivenöl**
+ **Saft von 1 Zitrone**
+ **Pfeffer aus der Mühle**
+ **2 EL Pinienkerne**
+ **75 g Schafskäse**
+ **1 Bund Rucola**
+ **12 schwarze Oliven (ohne Stein)**

ZUBEREITUNG

01. Die Pappardelle nach Packungsanweisung in reichlich kochendem Salzwasser bissfest garen. In ein Sieb abgießen, kalt abbrausen und abtropfen lassen.

02. Die Zucchini und die Frühlingszwiebeln putzen, waschen und in Stücke schneiden. Das Öl in einer Pfanne erhitzen, Zucchini und Frühlingszwiebeln darin 5 Minuten dünsten. Mit Zitronensaft, Salz und Pfeffer würzen.

03. Die Pinienkerne in einer Pfanne ohne Fett goldbraun rösten. Den Schafskäse in Würfel schneiden. Den Rucola verlesen, waschen und trocken schütteln, grobe Stiele entfernen.

04. Gemüse, Schafskäse, Rucola, Oliven und Pappardelle gründlich vermischen. Den Salat mit Salz und Pfeffer abschmecken und mit den gerösteten Pinienkernen bestreut servieren.

SPAGHETTI-SALAT
MIT AVOCADO UND GARNELEN

ZUBEREITUNG

01. Die Spaghetti nach Packungsanweisung in reichlich kochendem Salzwasser bissfest garen. In ein Sieb abgießen, kalt abbrausen und abtropfen lassen.

02. Die Avocados der Länge nach halbieren und den Stein entfernen. Die Avocadohälften schälen und nochmals halbieren, ein Viertel mit etwas Zitronensaft beträufeln und kühl stellen.

03. Den Knoblauch schälen und mit dem Rest der Avocados, dem Öl und dem restlichen Zitronensaft mit dem Stabmixer pürieren. Die Avocadosauce mit Salz und Pfeffer würzen und in eine große Salatschüssel geben.

04. Die Spaghetti unter die Sauce mischen und kurz durchziehen lassen. Inzwischen die Chilischote der Länge nach halbieren, entkernen, waschen und in schmale Streifen schneiden.

05. Die Garnelen kalt abspülen und trocken tupfen. Mit den Chilistreifen und den Pfefferkörnern unter die Nudeln mischen.

06. Das restliche Avocadoviertel in Scheiben schneiden. Den Salat anrichten, mit den Avocadoscheiben und nach Belieben mit kleinen roten Chilischoten garnieren.

ZUTATEN
FÜR 4 PERSONEN

+ **250 g Spaghetti • Salz**
+ **2 Avocados**
+ **Saft von 1 Zitrone**
+ **1 Knoblauchzehe**
+ **2 EL Olivenöl**
+ **Pfeffer aus der Mühle**
+ **1 rote Chilischote**
+ **250 g Garnelen (küchenfertig)**
+ **3 TL eingelegte grüne Pfefferkörner**

TIPP — *Grüne Pfefferkörner sind die unreif geernteten grünen Pfefferfrüchte. Sie sind milder im Geschmack als schwarzer Pfeffer und werden entweder eingelegt oder gefriergetrocknet angeboten.*

CONCHIGLIE-SALAT
MIT ROTER BETE UND WALNÜSSEN

ZUBEREITUNG

01. Die Conchiglie nach Packungsanweisung in reichlich kochendem Salzwasser bissfest garen. In ein Sieb abgießen, kalt abbrausen und abtropfen lassen.

02. Die unbehandelte Orange heiß waschen und trocken reiben. Die Schale mit einem Zestenreißer abziehen, die Orange halbieren und den Saft auspressen. Die andere Orange so großzügig schälen, dass auch die weiße Haut mit entfernt wird. Die Fruchtfilets aus den Trennhäuten schneiden und den dabei austretenden Saft auffangen.

03. Die Roten Beten in Spalten schneiden und zusammen mit den Conchiglie, den Orangenfilets und den Walnüssen in eine Schüssel geben.

04. Den Estragon waschen, die Blätter trocken tupfen und in feine Streifen schneiden. In einer kleinen Schüssel die Öle, den Essig, 3 EL Orangensaft, die Orangenzesten, Salz, Chili und Pfeffer zu einem Dressing verrühren. Das Dressing unter die Salatzutaten mischen und den Salat mit den Estragonstreifen bestreut servieren.

ZUTATEN
FÜR 4 PERSONEN

+ **400 g Conchiglie (Muschelnudeln)**
+ **Salz**
+ **2 Orangen (davon 1 unbehandelt)**
+ **300 g Rote Beten (vorgegart und vakuumiert)**
+ **60 g Walnusskerne**
+ **1 EL Estragonblätter**
+ **2 EL Sonnenblumenöl**
+ **2 EL Walnussöl**
+ **3 EL Weißweinessig**
+ **½ TL Chiliflocken**
+ **Pfeffer aus der Mühle**

_____

TIPP — *Der Schärfegrad von Chiliflocken variiert je nach Sorte. Deshalb ist es ratsam, zunächst nur einen Teil der Flocken zum Dressing zu geben und dieses dann am Schluss nochmals abzuschmecken.*

02

PASTA MIT GEMÜSE & KÄSE

SPAGHETTI
MIT PILZEN UND MINZE

ZUBEREITUNG

01. Die Pilze putzen und mit Küchenpapier trocken abreiben. Kleinere Pilze ganz lassen oder halbieren. Bei größeren Pilzen die Stiele aus den Hüten drehen und klein schneiden. Die Pilzhüte quer in Scheiben schneiden.

02. Die Minze waschen und trocken schütteln, die Blätter von den Stielen zupfen. Einige Blätter für die Deko beiseitelegen, den Rest fein hacken.

03. Die Spaghetti nach Packungsanweisung in reichlich kochendem Salzwasser bissfest garen.

04. Inzwischen die Schalotten schälen und in feine Würfel schneiden. Das Öl in einer Pfanne erhitzen und die Schalotten darin andünsten. Die Pilze dazugeben und kurz mitdünsten.

05. Den Knoblauch schälen und in feine Würfel schneiden. Mit der gehackten Minze hinzufügen und alles einige Minuten bei schwacher Hitze garen. Mit Salz und Pfeffer würzen.

06. Die Spaghetti in ein Sieb abgießen und abtropfen lassen. Mit dem Pilzragout mischen und mit den Minzeblättern garnieren.

ZUTATEN FÜR 4 PERSONEN

+ **600 g gemischte frische Pilze (je nach Saison Shiitake-Pilze, Champignons, Austernpilze, Pfifferlinge oder Steinpilze)**
+ **3 Stiele Minze**
+ **400 g Spaghetti**
+ **Salz**
+ **2 Schalotten**
+ **4 EL Olivenöl**
+ **1 Knoblauchzehe**
+ **Pfeffer aus der Mühle**

TIPP — *Pilze sollten Sie auf keinen Fall waschen, denn sie saugen sich rasch mit Wasser voll und verlieren dadurch an Aroma. In der Regel reicht es, Pilze mit Küchenpapier trocken abzureiben.*

SPAGHETTI
MIT TOMATENPESTO

ZUBEREITUNG

01. Die Spaghetti nach Packungsanweisung in reichlich kochendem Salzwasser bissfest garen.

02. Die Chilischote entkernen, waschen und fein hacken. Den Knoblauch schälen und in feine Würfel schneiden.

03. Die getrockneten Tomaten in ein Sieb abgießen, dabei das Öl auffangen. Die Tomaten in Stücke schneiden. Vom Pecorino mit dem Sparschäler einige Späne für die Deko abhobeln und beiseitelegen, den restlichen Käse fein reiben.

04. Tomaten, Chili, Knoblauch, etwa 2 EL Tomatenöl und die gemahlenen Mandeln im Blitzhacker oder mit dem Stabmixer fein pürieren. Dann den geriebenen Pecorino und nach und nach das Öl untermixen. Das Tomatenpesto mit Salz, Pfeffer und Aceto balsamico abschmecken.

05. Die Spaghetti in ein Sieb abgießen und gut abtropfen lassen. Die Spaghetti wieder in den Topf geben, mit dem Tomatenpesto mischen und auf vorgewärmte Teller verteilen. Mit Basilikumblättern und Pecorinospänen garniert servieren.

ZUTATEN FÜR 4 PERSONEN

+ **400 g Spaghetti · Salz**
+ **½ rote Chilischote**
+ **2 Knoblauchzehen**
+ **70 g getrocknete Tomaten (in Öl)**
+ **50 g Pecorino (am Stück)**
+ **30 g geschälte, gemahlene Mandeln**
+ **6 EL Olivenöl**
+ **Pfeffer aus der Mühle**
+ **1 EL Aceto balsamico**
+ **einige Basilikumblätter zum Garnieren**

———

TIPP — *Pesto kann man gut in größeren Mengen herstellen — in einem Schraubglas hält es sich im Kühlschrank mehrere Wochen. Es sollte dabei immer mit einer Schicht Olivenöl bedeckt sein.*

SPAGHETTI
MIT VEGANER SAUCE BOLOGNESE

ZUTATEN FÜR 4 PERSONEN

+ 500 g Tofu • 2 EL Sojaöl
+ 1 Möhre
+ 1 Zwiebel
+ 2 Knoblauchzehen
+ 2 EL Tomatenmark
+ 100 ml veganer Rotwein
+ 200 ml Gemüsefond
+ 400 g passierte Tomaten (Fertigprodukt)
+ Salz • Pfeffer aus der Mühle
+ 1–2 TL Paprikapulver (edelsüß)
+ gemahlener Koriander
+ 1–2 TL Agavendicksaft
+ 500 g Spaghetti
+ frisches Basilikum

ZUBEREITUNG

01. Den Tofu mit einer Gabel grob zerdrü-cken. Das Öl in einer Pfanne erhitzen und den Tofu unter Rühren bei starker Hitze etwa 5 Minuten anbraten.

02. Inzwischen die Möhre putzen, schälen und grob raspeln. Die Zwiebel und den Knob-lauch schälen und in feine Würfel schneiden. Beides mit den Möhrenraspeln unter den Tofu mischen und 2 bis 3 Minuten mitbraten.

03. Das Tomatenmark kurz mitrösten, dann mit dem Rotwein und dem Fond ablöschen. Die Tomaten hinzufügen, mit Salz, Pfeffer, Paprikapulver und Koriander würzen und etwa 15 Minuten sämig köcheln lassen. Mit Agaven-dicksaft, Salz und Pfeffer abschmecken.

04. Inzwischen die Spaghetti nach Packungs-anweisung in reichlich kochendem Salzwasser bissfest garen, in ein Sieb abgießen, abtropfen lassen und mit der Sauce anrichten. Mit Basili-kum garnieren.

FUSILLI
MIT GRÜNEM GEMÜSE UND TOMATENPESTO

ZUTATEN FÜR 4 PERSONEN

FÜR DAS PESTO:
+ 1 Knoblauchzehe • 30 g Pinienkerne
+ 60 g getrocknete Tomaten (in Öl)
+ 1 TL getrockneter Oregano
+ 30 g geriebener Parmesan
+ ca. 125 ml Olivenöl
+ Salz • Cayennepfeffer

FÜR DAS GEMÜSE:
+ 200 g festkochende Kartoffeln • Salz
+ 200 g Brokkoli • 100 g Saubohnen (gepult)
+ 100 g grüne Bohnen • 1 Zucchino
+ 300 g Fusilli • 1 Knoblauchzehe
+ 2 EL Olivenöl • Pfeffer aus der Mühle
+ 2 EL frische Oreganoblättchen

ZUBEREITUNG

01. Für das Pesto den Knoblauch schälen und fein hacken. Die Pinienkerne in einer Pfanne ohne Fett goldgelb anrösten, herausnehmen und abkühlen lassen. Die Tomaten abtropfen lassen und mit Knoblauch, Oregano, Pinienkernen und Parmesan im Blitzhacker oder mit dem Stabmixer fein pürieren. Nach und nach das Olivenöl einfließen lassen. Mit Salz und Cayennepfeffer abschmecken.

02. Für das Gemüse die Kartoffeln schälen, waschen und in Salzwasser etwa 25 Minuten kochen. Kartoffeln abgießen, ausdampfen lassen, in Achtel schneiden. Das Gemüse putzen, waschen und in mundgerechte Stücke schneiden und (bis auf den Zucchino) in kochendem Salzwasser etwa 5 Minuten blanchieren. Abgießen, kalt abschrecken und abtropfen lassen.

03. Fusilli nach Packungsanweisung in reichlich kochendem Salzwasser bissfest garen. Knoblauch schälen und fein hacken. In einer Pfanne im Olivenöl andünsten. Gemüse und Kartoffeln dazugeben, unter gelegentlichem Schwenken 2 bis 3 Minuten anbraten. Fusilli in ein Sieb abgießen, abtropfen lassen und etwas Pesto unterrühren. Mit Salz und Pfeffer würzen und mit frischen Oreganoblättchen garnieren. Mit restlichem Pesto anrichten.

PAPPARDELLE
MIT GORGONZOLASAUCE

ZUBEREITUNG

01. Den Staudensellerie putzen und waschen. Die Stangen schräg in dünne Scheiben schneiden, das Grün für die Deko beiseitelegen. Die Butter in einem Topf zerlassen und die Selleriescheiben darin bei mittlerer Hitze etwa 5 Minuten dünsten.

02. Die Pappardelle nach Packungsanweisung in reichlich kochendem Salzwasser bissfest garen.

03. Inzwischen den Gorgonzola klein schneiden. Einige Stücke beiseitelegen, den Rest mit der Sahne zu den Selleriescheiben geben. Kurz aufkochen und den Käse unter Rühren bei schwacher Hitze schmelzen. Die Sauce kurz köcheln lassen, mit Salz und Pfeffer kräftig würzen.

04. Die Pinienkerne in einer Pfanne ohne Fett goldbraun rösten. Die Birne waschen, halbieren und das Kerngehäuse entfernen. Die Birnenhälften in Spalten schneiden.

05. Die Pappardelle in ein Sieb abgießen und abtropfen lassen. In einer Schüssel mit der Gorgonzolasauce und den Birnenspalten anrichten, die gerösteten Pinienkerne und die restlichen Käsestücke darüberstreuen. Mit dem Selleriegrün garnieren und nach Belieben mit grob gemahlenem Pfeffer bestreuen.

***

TIPP — *Noch pikanter wird die Sauce, wenn Sie statt Gorgonzola den würzigeren Roquefort nehmen. Wer es dagegen milder mag, verwendet am besten cremigen Sahne-Gorgonzola mit Mascarpone.*

ZUTATEN
FÜR 4 PERSONEN

+ **500 g Staudensellerie (mit Grün)**
+ **2 EL Butter**
+ **400 g Pappardelle**
+ **Salz**
+ **250 g Gorgonzola**
+ **200 g Sahne**
+ **Pfeffer aus der Mühle**
+ **4 EL Pinienkerne**
+ **1 kleine Birne (z. B. Williams Christ)**

GRÜNE NUDELN
MIT BLATTSPINAT UND CHILI

ZUBEREITUNG

01. Den Spinat verlesen und waschen, grobe Stiele entfernen. Eine Handvoll Spinatblätter beiseitelegen, den restlichen Spinat mit 2 bis 3 EL Wasser im Küchenmixer fein pürieren. Den Spinat in einem Passiertuch ausdrücken, dabei den Spinatsaft in einem Topf auffangen. Den Spinatsaft langsam auf 65°C erhitzen und das an der Oberfläche geronnene Blattgrün mit einem Teesieb abschöpfen.

02. Das Mehl auf die Arbeitsfläche häufen und in die Mitte eine Mulde drücken. Die Eigelbe in die Mulde geben und das Blattgrün durch das Sieb dazudrücken. 1 EL Olivenöl und das Salz hinzufügen. Die Butter dazugeben und mit Muskatnuss würzen. Alles mit einer Gabel zu einem dickflüssigen Teig verrühren, dann mit den Händen zu einem festen, glatten Teig verkneten, dabei das Mehl unterarbeiten. Den Teig zu einer Kugel formen und zugedeckt etwa 1 Stunde ruhen lassen.

03. Den Teig auf der bemehlten Arbeitsfläche portionsweise mit dem Nudelholz ausrollen und in etwa 6 mm breite Bandnudeln schneiden. Locker zu Nestern geformt, etwa 15 Minuten antrocknen lassen. Die Bandnudeln in kochendem Salzwasser 3 bis 4 Minuten garen.

04. Die Chilischoten längs halbieren, entkernen, waschen und in Streifen schneiden. In einer großen Pfanne das restliche Olivenöl erhitzen und die Chilischoten darin andünsten. Die Nudeln in ein Sieb abgießen und tropfnass mit dem übrigen Spinat in der Pfanne mischen. Die Nudeln mit Salz und Zitronensaft abschmecken, auf Teller verteilen und mit Parmesan bestreut servieren.

ZUTATEN
FÜR 4 PERSONEN

+ **200 g Blattspinat**
+ **ca. 160 g Mehl**
+ **6 Eigelb**
+ **3 EL Olivenöl**
+ **Salz**
+ **1 EL weiche Butter**
+ **frisch geriebene Muskatnuss**
+ **Mehl für die Arbeitsfläche**
+ **2 rote Chilischoten**
+ **1 Spritzer Zitronensaft**
+ **frisch gehobelter Parmesan**

SPAGHETTI
MIT RUCOLA UND CHILI

ZUBEREITUNG

01. Die Spaghetti nach Packungsanweisung in einem großen Topf in reichlich kochendem Salzwasser bissfest garen. Den Parmesan fein reiben.

02. Den Rucola verlesen, waschen und trocken schütteln. Grobe Stiele entfernen und die Blätter nach Belieben ganz lassen oder in Stücke zupfen.

03. Die Schalotte und den Knoblauch schälen und in feine Würfel schneiden. Die Chilischote längs halbieren, entkernen, waschen und fein hacken oder in dünne Streifen schneiden.

04. Das Öl in einem großen Topf erhitzen, Schalotte, Knoblauch und Chili darin bei mittlerer Hitze andünsten. Die Spaghetti in ein Sieb abgießen und gut abtropfen lassen, dabei eine kleine Tasse Kochwasser auffangen.

05. Die Spaghetti mit dem Rucola und den Kapern in den Topf zum Chiliöl geben und alles gut vermischen. Mit Salz und Pfeffer würzen, auf Teller verteilen und sofort servieren.

TIPP — *Bei Kapern gilt: je kleiner, desto feiner. Die Früchte des Kapernstrauchs gibt es in Essigmarinade eingelegt oder in Salz konserviert. Letztere sollte man vor der Verwendung waschen.*

ZUTATEN FÜR 4 PERSONEN

+ **400 g Spaghetti**
+ **Salz**
+ **75 g Parmesan (am Stück)**
+ **100 g Rucola**
+ **1 Schalotte**
+ **2 Knoblauchzehen**
+ **1 rote Chilischote**
+ **6 EL Olivenöl**
+ **2 EL eingelegte Kapern**
+ **Pfeffer aus der Mühle**

FARFALLE
MIT SAUERAMPFERSAUCE

ZUBEREITUNG

01. Die Gurke waschen, längs halbieren und entkernen. Das Fruchtfleisch in feine Streifen schneiden. Den Sauerampfer waschen und trocken schütteln. Einige Blätter für die Deko beiseitelegen, den Rest in sehr feine Streifen schneiden.

02. Die Farfalle nach Packungsanweisung in reichlich kochendem Salzwasser bissfest garen.

03. Inzwischen die Butter in einer großen Pfanne zerlassen und die Gurkenstreifen darin 5 Minuten dünsten. Die Pistazien im Blitzhacker mahlen. Mit dem Sahnejoghurt und dem Limettensaft vermischen und unter die Gurkenstreifen rühren. Mit Salz und Pfeffer kräftig abschmecken.

04. Die Farfalle in ein Sieb abgießen, abtropfen lassen und mit der Joghurtsauce mischen. Mit den beiseitegelegten Sauerampferblättern auf Tellern anrichten und die Sauerampferstreifen darüberstreuen. Die Limette heiß abwaschen, trocken reiben und in Spalten schneiden. Die Farfalle mit den Limettenspalten und nach Belieben mit einigen Limettenzesten und gehackten Pistazien garniert servieren.

TIPP — *Die klein geschnittenen Sauerampferblätter können ihr feines, erfrischendes Aroma noch besser entfalten, wenn sie vor dem Servieren kurz in heißem Öl angedünstet werden.*

ZUTATEN
FÜR 4 PERSONEN

+ 1 große Salatgurke
+ 50 g Sauerampfer
+ 400 g Farfalle
+ Salz
+ 2 EL Butter
+ 4 EL Pistazienkerne
+ 150 g Sahnejoghurt
+ 2 EL Limettensaft
+ Pfeffer aus der Mühle
+ 1 unbehandelte Limette

BUNTE FUSILLI
MIT TOMATEN UND OLIVEN

ZUTATEN FÜR 4 PERSONEN

+ **400 g bunte Fusilli • Salz**
+ **400 g Tomaten**
+ **1 Schalotte**
+ **1 Knoblauchzehe**
+ **3 EL Olivenöl**
+ **Pfeffer aus der Mühle**
+ **2 TL Aceto balsamico**
+ **50 g schwarze Oliven**
+ **½ Bund Basilikum**
+ **40 g Parmesan (am Stück)**

ZUBEREITUNG

01. Die Fusilli nach Packungsanweisung in einem großen Topf in reichlich kochendem Salzwasser bissfest garen.

02. Inzwischen die Tomaten überbrühen, häuten, vierteln und entkernen. Das Fruchtfleisch in Würfel schneiden.

03. Die Schalotte und den Knoblauch schälen und in feine Würfel schneiden. Das Öl erhitzen, Schalotten- und Knoblauchwürfel darin andünsten. Die Tomaten dazugeben, mit Salz, Pfeffer und Aceto balsamico würzen. Alles zugedeckt bei mittlerer Hitze etwa 8 Minuten köcheln lassen.

04. Die Oliven vierteln und entsteinen. Das Basilikum waschen und trocken schütteln, die Blätter von den Stielen zupfen. Mit den Oliven unter die Tomatensauce heben.

05. Die Fusilli in ein Sieb abgießen und abtropfen lassen. Mit der Tomatensauce auf Tellern anrichten, den Parmesan mit dem Sparschäler darüberhobeln.

SPAGHETTI
MIT SAHNE-GORGONZOLA-SAUCE

ZUTATEN FÜR 4 PERSONEN

+ 400 g Spaghetti
+ Salz
+ 150 g milder Gorgonzola
+ 250 g Sahne
+ 1 TL Aceto balsamico
+ Pfeffer aus der Mühle

ZUBEREITUNG

01. Die Spaghetti nach Packungsanweisung in einem großen Topf in reichlich kochendem Salzwasser bissfest garen.

02. Den Gorgonzola in kleine Stücke schneiden. Die Sahne erhitzen, den Käse (einige Stücke zurückbehalten) darin bei schwacher Hitze langsam schmelzen. Die Käsesahne sämig einköcheln lassen.

03. Die Gorgonzolasauce mit Aceto balsamico, Salz und Pfeffer würzen und mit dem Stabmixer schaumig aufschlagen.

04. Die Spaghetti in ein Sieb abgießen, abtropfen lassen und mit der Käsesauce mischen. Die restlichen Käsestücke darüberstreuen. Auf Tellern oder in Schälchen anrichten. Nach Belieben Baguette dazu servieren.

FETTUCCINE
MIT PAPRIKAGEMÜSE

ZUBEREITUNG

01. Die Paprikaschoten längs halbieren und entkernen.
Die Paprikahälften waschen und in feine Streifen schneiden.
Den Knoblauch schälen und in feine Würfel schneiden.

02. Die Petersilie und das Basilikum waschen und trocken
schütteln, die Blätter von den Stielen zupfen. Einige Blätter
für die Deko beiseitelegen, den Rest fein hacken.

03. Die Fettuccine nach Packungsanweisung in reichlich
kochendem Salzwasser bissfest garen.

04. Inzwischen in einer großen Pfanne die Butter zerlassen, den Knoblauch und die Paprikastreifen darin kurz
andünsten. Die Brühe und den Wein angießen und alles
etwa 8 Minuten dünsten. Das Paprikagemüse mit Aceto
balsamico würzen und mit Salz und Pfeffer abschmecken.

05. Die Fettuccine in ein Sieb abgießen und abtropfen
lassen. Mit dem Paprikagemüse in der Pfanne vermischen
und kurz erhitzen. Die gehackten Kräuter unter die Nudel-
pfanne rühren. Mit den beiseite gelegten Basilikumblättern
garniert servieren.

TIPP — *Der würzige, lang gereifte Aceto balsamico eignet sich*
nicht nur hervorragend zum Verfeinern von Salatdressings.
Er verleiht auch deftigen Gemüsesaucen ein feines Aroma.

ZUTATEN
FÜR 4 PERSONEN

+ **2 gelbe Paprikaschoten**
+ **2 rote Paprikaschoten**
+ **2 Knoblauchzehen**
+ **1 Bund Petersilie**
+ **1 Bund Basilikum**
+ **400 g Fettuccine (oder Tagliatelle)**
+ **Salz • 1 EL Butter**
+ **125 ml Gemüsebrühe**
+ **125 ml trockener Weißwein**
+ **2 EL Aceto balsamico**
+ **Pfeffer aus der Mühle**

ZITRONENSPAGHETTI
MIT PILZEN UND GEMÜSE

ZUBEREITUNG

01. Die Zitronen heiß waschen und trocken reiben. Die Schale mit dem Zestenreißer abziehen oder dünn abschälen und in feine Streifen schneiden. Den Saft einer Zitrone auspressen.

02. Die Möhren putzen, schälen und in feine Stifte schneiden. Die Champignons putzen, falls nötig, trocken abreiben und in Scheiben schneiden. Den Knoblauch schälen und in feine Würfel schneiden, die Frühlingszwiebeln putzen, waschen und ebenfalls in feine Würfel schneiden.

03. Die Spaghetti nach Packungsanweisung in reichlich kochendem Salzwasser bissfest garen.

04. Inzwischen 1 EL Butter in einer großen Pfanne erhitzen. Die Pilze darin goldbraun braten und wieder herausnehmen. Die restliche Butter in der Pfanne erhitzen und Möhren, Knoblauch und Frühlingszwiebeln kurz darin andünsten. Den Zitronensaft, die Zitronenzesten und etwas Nudelkochwasser dazugeben und das Gemüse 1 bis 2 Minuten bissfest garen.

05. Die Sonnenblumenkerne und die Pilze zum Gemüse geben und die Crème fraîche unterrühren. Mit Salz, Pfeffer und 1 Prise Zucker abschmecken.

06. Die Spaghetti in ein Sieb abgießen und abtropfen lassen. Unter das Gemüse und die Pilze mischen, auf vorgewärmten Tellern anrichten und servieren.

ZUTATEN
FÜR 4 PERSONEN

+ **2 unbehandelte Zitronen**
+ **2 Möhren**
+ **150 g Champignons**
+ **1 Knoblauchzehe**
+ **2 Frühlingszwiebeln**
+ **400 g Spaghetti**
+ **Salz**
+ **2 EL Butter**
+ **2 EL Sonnenblumenkerne**
+ **100 g Crème fraîche**
+ **Pfeffer aus der Mühle**
+ **Zucker**

TIPP — *Die Sonnenblumenkerne entfalten ihr Aroma besonders gut, wenn sie zuvor in einer Pfanne ohne Fett goldbraun angeröstet werden.*

TAGLIOLINI
MIT ZUCCHINI UND TOMATEN

ZUBEREITUNG

01. Die Tagliolini nach Packungsanweisung in reichlich kochendem Salzwasser bissfest garen.

02. Den Knoblauch schälen und in feine Scheiben schneiden. Die Tomaten waschen und halbieren. Die Zucchini putzen, waschen und auf der Gemüsereibe fein raspeln. Die Petersilie waschen und trocken schütteln, die Blätter von den Stielen zupfen und fein hacken.

03. Das Öl erhitzen, Knoblauch und Petersilie darin unter Rühren andünsten. Die Tomaten und Zucchini dazugeben und kurz erwärmen.

04. Die Tagliolini in ein Sieb abgießen und abtropfen lassen, dabei 125 ml Kochwasser auffangen. Das Kochwasser unter das Gemüse rühren und mit Salz und Pfeffer würzen. Die Tagliolini dazugeben und gut vermischen. Auf Tellern anrichten und mit Pecorino bestreuen.

TIPP — *Cocktail- oder Kirschtomaten sind noch aromatischer als ihre großen Verwandten. Damit sie ihr Aroma behalten, werden sie in diesem Rezept nicht gekocht, sondern nur erwärmt.*

ZUTATEN
FÜR 4 PERSONEN

+ **400 g Tagliolini**
+ **Salz**
+ **4 Knoblauchzehen**
+ **200 g Cocktailtomaten**
+ **200 g Zucchini**
+ **1 Bund Petersilie**
+ **5 EL Olivenöl**
+ **Pfeffer aus der Mühle**
+ **50 g frisch geriebener Pecorino**

PENNE
MIT TOMATEN UND PESTO

ZUTATEN FÜR 4 PERSONEN

+ **3 Bund Basilikum**
+ **4 Knoblauchzehen**
+ **100 g Pinienkerne**
+ **75 g frisch geriebener Parmesan**
+ **Salz**
+ **120 ml Olivenöl**
+ **500 g Penne lisce**
+ **6 Tomaten**
+ **Pfeffer aus der Mühle**

ZUBEREITUNG

01. Für das Pesto das Basilikum waschen und trocken schütteln, die Blätter von den Stielen zupfen. 3 Knoblauchzehen schälen und halbieren. Einige Basilikumblätter für die Deko beiseitelegen, den Rest mit Knoblauch und Pinienkernen im Blitzhacker oder mit dem Stabmixer zu einer feinen Paste pürieren. 50 g Parmesan und 1 Prise Salz hinzufügen, nach und nach 100 ml Öl dazugeben und untermixen.

02. Die Penne nach Packungsanweisung in einem großen Topf in reichlich kochendem Salzwasser bissfest garen.

03. Die Tomaten überbrühen, häuten, vierteln und entkernen. Das Fruchtfleisch in kleine Würfel schneiden. Das restliche Öl in einem großen Topf erhitzen und die Tomaten darin dünsten. Die letzte Knoblauchzehe schälen, in feine Würfel schneiden und dazugeben. 6 EL Pesto unterrühren, mit Salz und Pfeffer abschmecken.

04. Die Penne in ein Sieb abgießen und abtropfen lassen, zu den Tomaten geben und kurz erwärmen. Mit dem restlichen Parmesan und Basilikumblättern garniert servieren. Das restliche Pesto im Schraubglas kühl aufbewahren.

SPAGHETTI
MIT SCHAFSKÄSE

ZUTATEN FÜR 4 PERSONEN

+ **1 Bund Frühlingszwiebeln**
+ **1 unbehandelte Zitrone**
+ **400 g Spaghetti**
+ **Salz**
+ **1 EL Butter**
+ **150 g Schafskäse**
+ **200 g Sahne**
+ **Pfeffer aus der Mühle**

ZUBEREITUNG

01. Die Frühlingszwiebeln putzen und waschen. Die Hälfte der Frühlingszwiebeln in Ringe, den Rest längs in schmale Streifen schneiden.

02. Die Zitrone heiß abwaschen, trocken reiben und halbieren. Eine Hälfte auspressen, die andere in dünne Scheiben schneiden.

03. Die Spaghetti nach Packungsanweisung in einem großen Topf in reichlich kochendem Salzwasser bissfest garen.

04. Die Butter in einer Pfanne zerlassen, die Frühlingszwiebelstreifen darin andünsten. Den Schafskäse grob zerkleinern und – bis auf 3 EL – mit der Sahne und 1 EL Zitronensaft mit dem Stabmixer pürieren. Die Käsesahne in die Pfanne geben, unterrühren und kurz köcheln lassen.

05. Die Sauce mit Salz und Pfeffer abschmecken und mit den abgetropften Nudeln anrichten. Mit Zwiebelringen, Zitronenscheiben und dem restlichen Schafskäse garnieren.

SPAGHETTINI
MIT GETROCKNETEN TOMATEN

ZUBEREITUNG

01. Die Frühlingszwiebeln putzen, waschen und in feine Ringe schneiden. Den Knoblauch schälen und in feine Würfel schneiden. Die getrockneten Tomaten auf Küchenpapier abtropfen lassen und in feine Streifen schneiden.

02. Die Spaghettini nach Packungsanweisung in reichlich kochendem Salzwasser bissfest garen.

03. Inzwischen das Öl in einem großen Topf erhitzen. Den Knoblauch, die getrockneten Tomaten und die Frühlingszwiebeln darin etwa 8 Minuten dünsten, mit Salz und Pfeffer würzen.

04. Den Portulak waschen, trocken schütteln und die Blätter abzupfen. Die Spaghettini in ein Sieb abgießen und abtropfen lassen. Im Topf mit den Tomaten mischen und kurz erhitzen. Mit dem Portulak garnieren und den Pecorino darüberhobeln.

———

TIPP — *Portulakblätter sollten möglichst frisch verwendet und nicht erhitzt werden. Da das Kraut leicht salzig schmeckt, empfiehlt es sich, die Pasta-Sauce nur vorsichtig zu würzen.*

ZUTATEN
FÜR 4 PERSONEN

+ **400 g Frühlingszwiebeln**
+ **3 Knoblauchzehen**
+ **200 g getrocknete Tomaten (in Öl)**
+ **400 g Spaghettini**
+ **Salz**
+ **4 EL Olivenöl**
+ **Pfeffer aus der Mühle**
+ **80 g Portulak**
+ **50 g Pecorino (am Stück)**

PENNE
MIT KRÄUTER-KÄSE-SAUCE

ZUTATEN FÜR 4 PERSONEN

+ **2 Bund Petersilie**
+ **1 Knoblauchzehe**
+ **1 EL Zitronensaft**
+ **7 EL Olivenöl**
+ **3 EL Pinienkerne**
+ **400 g Penne lisce**
+ **Salz**
+ **100 g mittelalter Gouda (am Stück)**
+ **2 EL Crème fraîche**
+ **Pfeffer aus der Mühle**
+ **einige Schnittlauchhalme**

ZUBEREITUNG

01. Die Petersilie waschen und trocken schütteln, die Blätter von den Stielen zupfen. Einige Blätter für die Deko beiseitelegen, den Rest grob hacken. Den Knoblauch schälen und halbieren. Mit der Petersilie, dem Zitronensaft, 3 EL Öl und den Pinienkernen im Mixer zu einer feinen Paste pürieren.

02. Die Penne nach Packungsanweisung in einem großen Topf in reichlich kochendem Salzwasser bissfest garen.

03. Inzwischen den Gouda grob raspeln und mit der Crème fraîche unter die Kräutersauce rühren. Mit Salz und Pfeffer kräftig würzen. Die beiseitegelegten Petersilienblätter in 4 EL Öl 1 Minute frittieren.

04. Die Penne in ein Sieb abgießen, abtropfen lassen und sofort mit der Kräuter-Käse-Sauce vermischen. Mit Schnittlauchhalmen und den frittierten Petersilienblättern garnieren.

LINGUINE
MIT BALSAMICO-LINSEN

ZUTATEN FÜR 4 PERSONEN

+ 250 g braune Linsen
+ 2 Tomaten • 1 Möhre
+ 1 Stange Staudensellerie
+ 2 Knoblauchzehen • 4 EL Olivenöl
+ 1 Zwiebel (in feine Würfel geschnitten)
+ 1 grüne Chilischote (in feine Streifen geschnitten)
+ 125 ml trockener Weißwein
+ Salz • Pfeffer aus der Mühle
+ 2 EL Aceto balsamico
+ 400 g Linguine
+ 1 Bund Rucola

ZUBEREITUNG

01. Die Linsen waschen und mit Wasser bedeckt über Nacht einweichen. Das Einweichwasser aufheben.

02. Die Tomaten überbrühen, häuten, vierteln, entkernen und würfeln. Die Möhre schälen und klein würfeln. Die Selleriestange putzen, waschen und in feine Scheiben schneiden.

03. Den Knoblauch schälen und in feine Würfel schneiden. Das Öl erhitzen, Zwiebel, Knoblauch und Chili darin andünsten.

04. Die Linsen mit dem Einweichwasser und den Wein hinzufügen und alles 30 Minuten köcheln lassen. 10 Minuten vor Ende der Garzeit das vorbereitete Gemüse dazugeben. Mit Salz, Pfeffer und Aceto balsamico würzen.

05. Die Linguine nach Packungsanweisung in reichlich kochendem Salzwasser bissfest garen. Den Rucola putzen, waschen und trocken schütteln, grobe Stiele entfernen. Die Linguine in ein Sieb abgießen und abtropfen lassen, die Balsamico-Linsen und den Rucola untermischen.

SPAGHETTI
MIT BASILIKUM

ZUBEREITUNG

01. Die Spaghetti nach Packungsanweisung in reichlich kochendem Salzwasser bissfest garen.

02. Das Basilikum waschen und trocken schütteln, die Blätter von den Stielen zupfen. Etwa 20 Blätter für die Deko beiseitelegen, den Rest in feine Streifen schneiden. Den Knoblauch schälen und in feine Würfel schneiden.

03. Inzwischen 4 EL Öl in einer Pfanne erhitzen, die Basilikumstreifen und den Knoblauch darin kurz andünsten.

04. Die Spaghetti in ein Sieb abgießen und abtropfen lassen. In die Pfanne zu dem Knoblauch-Kräuter-Öl geben und gut untermischen. Mit Salz und Pfeffer abschmecken.

05. Das restliche Öl in einer zweiten Pfanne erhitzen, die beiseitegelegten Basilikumblätter darin 1 Minute frittieren. Auf Küchenpapier abtropfen lassen, das Öl zu den Basilikum-Spaghetti geben.

06. Die Nudeln mit den frittierten Basilikumblättern auf einer Platte anrichten und den Pecorino mit dem Sparschäler darüberhobeln.

TIPP — *Frittierte Kräuterblätter haben ein ganz besonderes Aroma und sind das i-Tüpfelchen auf jedem Gericht. Probieren Sie auch durch Backteig gezogene und dann frittierte Salbeiblätter.*

ZUTATEN
FÜR 4 PERSONEN

+ **500 g Spaghetti**
+ **Salz**
+ **4 Bund Basilikum**
+ **2 Knoblauchzehen**
+ **8 EL Olivenöl**
+ **Pfeffer aus der Mühle**
+ **50 g Pecorino (am Stück)**

TAGLIATELLE
MIT PILZEN UND RUCOLAPESTO

ZUTATEN FÜR 4 PERSONEN

+ 1 Bund Rucola
+ ½ Bund Basilikum
+ 1 Knoblauchzehe
+ 50 g Pinienkerne
+ 50 g frisch geriebener Parmesan
+ 125 ml Olivenöl
+ Salz • Pfeffer aus der Mühle
+ 150 g Champignons
+ 1 EL Zitronensaft
+ 400 g Tagliatelle
+ 50 g Parmesan (am Stück)

ZUBEREITUNG

01. Rucola verlesen, waschen und trocken schütteln. Basilikum waschen und trocken schütteln, die Blätter abzupfen. Knoblauch schälen. Rucola, Basilikum, Knoblauch, Pinienkerne und geriebenen Parmesan im Blitzhacker oder mit dem Stabmixer pürieren. Etwa 100 ml Öl untermixen, das Pesto mit Salz und Pfeffer würzen.

02. Die Champignons putzen und in Scheiben schneiden. Die Pilze im restlichen Öl scharf anbraten, mit Salz, Pfeffer und Zitronensaft würzen.

03. Tagliatelle nach Packungsanweisung in reichlich kochendem Salzwasser bissfest garen. In ein Sieb abgießen, dabei etwa 4 EL Kochwasser zurückbehalten, und die Tagliatelle gut abtropfen lassen.

04. Das Pesto mit dem Nudelwasser glatt rühren, mit den Pilzen unter die Tagliatelle mischen und auf vorgewärmten Tellern anrichten. Den Parmesan mit dem Sparschäler darüberhobeln.

FUSILLI
MIT DICKEN BOHNEN

ZUTATEN FÜR 4 PERSONEN

+ **250 g frische, dicke grüne Bohnenkerne**
+ **Salz**
+ **2 EL Zitronensaft**
+ **Pfeffer aus der Mühle**
+ **50 ml Olivenöl**
+ **2 dünne Stangen Lauch**
+ **2 EL Butter**
+ **400 g Fusilli**
+ **einige Blätter Zitronenmelisse**

ZUBEREITUNG

01. Die Bohnenkerne in kochendem Salzwasser 3 Minuten blanchieren, in ein Sieb abgießen und gut abtropfen lassen. Zitronensaft, Salz, Pfeffer und Öl miteinander verrühren und die Bohnen darin marinieren.

02. Den Lauch putzen, waschen und in etwa 1 cm breite Ringe schneiden. Die Butter in einem Topf zerlassen und den Lauch darin andünsten. Mit Salz und Pfeffer würzen, 100 ml Wasser dazugießen und zugedeckt 5 Minuten garen.

03. Die Fusilli nach Packungsanweisung in reichlich kochendem Salzwasser bissfest garen, in ein Sieb abgießen und abtropfen lassen.

04. Die Zitronenmelisseblätter waschen, trocken tupfen und fein hacken. Die Fusilli mit Bohnen und Marinade, Lauch und Zitronenmelisse mischen und auf vorgewärmten Tellern anrichten. Nach Belieben mit Zitronenzesten bestreuen.

PAPPARDELLE
MIT ROTEN ZWIEBELN

ZUBEREITUNG

01. Die Paprikaschoten längs halbieren, entkernen und waschen. Die Paprikahälften mit dem Sparschäler schälen und in grobe Stücke schneiden. Die Petersilie und das Basilikum waschen und trocken schütteln, die Blätter von den Stielen zupfen.

02. Die Sardellenfilets mit den Paprikastücken, 160 ml Öl und etwas Meersalz im Mixer fein pürieren. Die Petersilien- und Basilikumblätter und – falls nötig – noch etwas Öl untermixen. Die Salsa verde mit Meersalz und Pfeffer würzen.

03. Die Pappardelle nach Packungsanweisung in reichlich kochendem Salzwasser bissfest garen.

04. Die Zwiebeln schälen, halbieren und in Scheiben schneiden. Die Rosmarinzweige waschen und trocken schütteln. Die Zwiebeln im restlichen Öl andünsten und mit dem Wein ablöschen.

05. Die Brühe dazugießen und die Sauce mit Salz und Pfeffer würzen. Die Lorbeerblätter und Rosmarinzweige dazugeben. Die Zwiebelsauce zugedeckt 6 bis 8 Minuten bei mittlerer Hitze kochen lassen. Lorbeerblätter und Rosmarinzweige entfernen und die Sauce mit Salz und Pfeffer abschmecken.

06. Die Pappardelle in ein Sieb abgießen, abtropfen lassen und mit der Zwiebelsauce vermischen. Die Nudeln auf Teller verteilen und mit der Salsa verde beträufeln. Den Ziegenfrischkäse zerbröckeln, daraufgeben und grob gemahlenen Pfeffer darüberstreuen.

ZUTATEN
FÜR 4 PERSONEN

+ 2 grüne Paprikaschoten
+ 1 Bund Petersilie
+ 8 Stiele Basilikum
+ 4 Sardellenfilets (in Öl)
+ 180 ml Olivenöl
+ Meersalz
+ Pfeffer aus der Mühle
+ 400 g Pappardelle • Salz
+ 6 rote Zwiebeln
+ 2 Zweige Rosmarin
+ 2–3 EL Rotwein
+ 200 ml Gemüsebrühe
+ 2 Lorbeerblätter
+ 240 g Ziegenfrischkäse

PASTA MIT GEMÜSE & KÄSE

SPAGHETTI
MIT GRÜNEM SPARGEL

ZUBEREITUNG

01. Den Spargel waschen, nur im unteren Drittel schälen und in etwa 4 cm lange Stücke schneiden. Die Schalotten schälen und in feine Würfel schneiden.

02. Die Spaghetti nach Packungsanweisung in reichlich kochendem Salzwasser bissfest garen.

03. Inzwischen die Butter in einem Topf zerlassen und die Schalotten darin andünsten. Den Spargel dazugeben und kurz mitdünsten. Die Brühe dazugießen und den Mascarpone unterrühren. Etwa 10 Minuten köcheln lassen, mit Salz und Pfeffer würzen.

04. Die Spaghetti in ein Sieb abgießen, abtropfen lassen und mit der Sauce mischen.

05. Die Kresse abbrausen, die Blättchen abschneiden und untermischen oder als Sträußchen garnieren.

TIPP — *Den Mascarpone kann man durch Doppelrahmfrischkäse ersetzen. Zusätzliche Würze bekommt die Sauce, wenn Sie Frischkäse mit Kräutern, schwarzem Pfeffer oder Meerrettich verwenden.*

ZUTATEN
FÜR 4 PERSONEN

+ 1 kg grüner Spargel
+ 2 Schalotten
+ 400 g Spaghetti
+ Salz
+ 2 EL Butter
+ 200 ml Gemüsebrühe
+ 200 g Mascarpone
+ Pfeffer aus der Mühle
+ 1 Kästchen Kresse

SPAGHETTI
MIT TOMATENSAUCE

ZUTATEN FÜR 4 PERSONEN

+ 800 g Tomaten
+ 3 Frühlingszwiebeln
+ 2 Knoblauchzehen
+ ½ Bund Basilikum
+ 2 EL Olivenöl
+ 2 EL Tomatenmark
+ 2 EL Aceto balsamico
+ 100 ml Gemüsebrühe
+ 100 ml trockener Weißwein
+ Salz • Pfeffer aus der Mühle
+ Zucker
+ 400 g Spaghetti
+ 40 g Parmesan (am Stück)

ZUBEREITUNG

01. Die Tomaten überbrühen, häuten, entkernen und in Würfel schneiden. Frühlingszwiebeln putzen und waschen. Das Weiße hacken, das Zwiebelgrün in Ringe schneiden. Knoblauch schälen und in feine Würfel schneiden. Basilikum waschen und trocken schütteln, die Blätter abzupfen. Einige Blätter für die Deko beiseitelegen, den Rest in Streifen schneiden.

02. Das Öl in einem Topf erhitzen. Die gehackten Frühlingszwiebeln und den Knoblauch darin andünsten. Die Tomaten hinzufügen und das Tomatenmark unterrühren. Mit Aceto balsamico ablöschen, die Brühe und den Wein dazugießen. Mit Salz, Pfeffer und Zucker würzen. Etwa 10 Minuten leicht sämig einkochen lassen.

03. Die Spaghetti nach Packungsanweisung in reichlich kochendem Salzwasser bissfest garen. Den Parmesan fein reiben.

04. Basilikumstreifen und Zwiebelgrün unter die Tomatensauce rühren, gegebenenfalls nochmals abschmecken. Die Spaghetti in ein Sieb abgießen und gut abtropfen lassen. Mit der Sauce auf Tellern anrichten, mit Parmesan und Basilikum garniert servieren.

LINGUINE
MIT BASILIKUMPESTO

ZUTATEN FÜR 4 PERSONEN

+ **2–3 Bund Basilikum**
+ **2 Knoblauchzehen**
+ **400 g Linguine**
+ **Salz**
+ **30 g Pinienkerne**
+ **50 g Parmesan (am Stück)**
+ **8 EL Olivenöl**
+ **Pfeffer aus der Mühle**

ZUBEREITUNG

01. Das Basilikum waschen und trocken schütteln, die Blätter abzupfen. Einige Blätter für die Deko beiseitelegen, den Rest klein schneiden. Den Knoblauch schälen und grob hacken.

02. Die Linguine nach Packungsanweisung in einem großen Topf in reichlich kochendem Salzwasser bissfest garen.

03. Die Pinienkerne in einer Pfanne ohne Fett nur leicht anrösten. Den Parmesan fein reiben.

04. Basilikum, Knoblauch, Pinienkerne und etwas Öl im Blitzhacker fein pürieren oder im Mörser zerstoßen. Den Parmesan und das restliche Öl nach und nach dazugeben und alles zu einer glatten Paste verrühren. Mit Salz und Pfeffer kräftig abschmecken.

05. Die Linguine in ein Sieb abgießen, dabei 2 bis 3 EL Kochwasser im Topf lassen. Die Nudeln zurück in den Topf geben und das Pesto gründlich untermischen.

SPAGHETTI
MIT SIZILIANISCHEM GEMÜSE

ZUBEREITUNG

01. Die Paprikaschoten längs halbieren, entkernen, waschen und in etwa 2 cm große Rauten schneiden. Die Zwiebeln schälen und längs in breite Scheiben schneiden.

02. In einem großen Topf das Öl erhitzen, die Zwiebeln und die Paprikastücke darin einige Minuten andünsten. Den Rotweinessig und die Tomaten dazugeben, die Tomaten mit einer Gabel grob zerkleinern. Den Gemüsesugo mit Aceto balsamico, Zucker, Salz und Pfeffer kräftig abschmecken und bei schwacher Hitze etwa 15 Minuten köcheln lassen.

03. Die Spaghetti nach Packungsanweisung in reichlich kochendem Salzwasser bissfest garen.

04. Inzwischen die Kapern zum Gemüsesugo geben und untermischen. Die Sauce noch etwas ziehen lassen.

05. Den Pecorino mit dem Sparschäler in feine Späne hobeln. Die Spaghetti in ein Sieb abgießen und abtropfen lassen. Mit dem Gemüsesugo und dem gehobelten Pecorino anrichten und nach Belieben mit Thymianzweigen garnieren.

———

TIPP — *Noch aromatischer wird der Gemüsesugo, wenn Sie einige getrocknete, in Öl eingelegte Tomaten klein schneiden und unterrühren. Wer es scharf mag, gibt eine gehackte rote Chilischote dazu.*

ZUTATEN
FÜR 4 PERSONEN

+ je 200 g rote, grüne und gelbe Paprikaschoten
+ 250 g weiße Zwiebeln
+ 4 EL Olivenöl
+ 3 EL Rotweinessig
+ 240 g geschälte Tomaten (aus der Dose)
+ 1 EL Aceto balsamico
+ Zucker
+ Salz • Pfeffer aus der Mühle
+ 400 g Spaghetti
+ 4 EL eingelegte Kapern
+ 100 g Pecorino (am Stück)

ORECCHIETTE
MIT RUCOLA UND KÄSE

ZUTATEN FÜR 4 PERSONEN

+ 400 g Orecchiette • Salz
+ 1 Bund Rucola
+ 2 rote Zwiebeln
+ 1 Knoblauchzehe
+ 3 EL Olivenöl
+ 100 g Ricotta
+ 100 g Scamorza (ital. Weichkäse; ersatzweise Mozzarella)
+ Pfeffer aus der Mühle

ZUBEREITUNG

01. Die Orecchiette nach Packungsanweisung in einem großen Topf in reichlich kochendem Salzwasser bissfest garen.

02. Inzwischen den Rucola verlesen, waschen, trocken schütteln und grob zerkleinern. Die Zwiebeln schälen, halbieren und der Länge nach in feine Spalten schneiden. Den Knoblauch schälen und in feine Würfel schneiden. Das Öl in einer Pfanne erhitzen und den Knoblauch darin andünsten.

03. Die Zwiebeln einige Minuten mitdünsten, zwei Drittel des Rucolas dazugeben und ebenfalls kurz mitdünsten. Den Ricotta unterrühren und einmal aufkochen lassen.

04. Den Scamorza grob reiben. Die Orecchiette in ein Sieb abgießen, abtropfen lassen und unter die Sauce mischen. Den restlichen Rucola und den Scamorza über die Nudeln geben, mit grob gemahlenem Pfeffer bestreut servieren.

RIGATONI
MIT AUBERGINEN

ZUTATEN FÜR 4 PERSONEN

+ **400 g Rigatoni • Salz**
+ **1 mittelgroße Aubergine**
+ **2 Knoblauchzehen**
+ **1 rote Chilischote**
+ **150 g geschälte Tomaten (aus der Dose)**
+ **4 EL Olivenöl**
+ **Pfeffer aus der Mühle**
+ **2 EL fein gehacktes Basilikum**
+ **50 g fein gehobelter Parmesan**

ZUBEREITUNG

01. Die Rigatoni nach Packungsanweisung in einem großen Topf in reichlich kochendem Salzwasser bissfest garen.

02. Die Aubergine putzen und waschen. Zuerst der Länge nach in etwa 1 cm breite Scheiben, dann in Würfel schneiden. Den Knoblauch schälen. Die Chilischote längs halbieren, entkernen und waschen. Beides in feine Würfel schneiden. Die Dosentomaten mit einer Gabel grob zerdrücken.

03. Das Öl erhitzen und die Auberginenwürfel darin unter Rühren goldbraun braten, mit Salz und Pfeffer würzen. Knoblauch, Chili und Tomaten unter die gebratenen Auberginenwürfel mischen und köcheln lassen.

04. Die Rigatoni abgießen, abtropfen lassen und mit dem Basilikum unter die Auberginensauce mischen. Mit Parmesan bestreuen und nach Belieben mit Basilikumblättern garnieren.

03

PASTA MIT
FISCH & FLEISCH

LASAGNEBLÄTTER
MIT GEMÜSE UND GARNELEN

ZUBEREITUNG

01. Die Möhren schälen, die Frühlingszwiebeln putzen und waschen. Die Möhren in Scheiben oder Würfel, die Frühlingszwiebeln schräg in kleine Stücke schneiden. In einem Topf 2 EL Butter zerlassen und das Gemüse darin bissfest dünsten.

02. Die Garnelen abbrausen und trocken tupfen. Zu dem Gemüse geben und kurz mitgaren. Mit Salz und Pfeffer kräftig würzen und warm stellen.

03. Die Lasagneblätter in reichlich kochendem Salzwasser mit 1 EL Öl weich garen (auch bei Lasagneblättern ohne Vorkochen!). Die Nudelplatten mit dem Schaumlöffel einzeln aus dem Wasser nehmen und nebeneinander auf einem Küchentuch abtropfen lassen.

04. Die Schalotten schälen und in feine Würfel schneiden. Die restliche Butter zerlassen und die Schalottenwürfel darin andünsten. Mit Wein ablöschen und auf die Hälfte einkochen lassen. Die Crème fraîche unterrühren und nochmals 2 Minuten köcheln lassen. Mit Salz, Pfeffer und Zitronensaft würzen.

05. Die Lasagneblätter halbieren und je 4 halbe Blätter mit Garnelen, Gemüse und Schalottensauce auf Teller schichten.

ZUTATEN
FÜR 4 PERSONEN

+ **4 große Möhren**
+ **1 Bund Frühlingszwiebeln**
+ **3 EL Butter**
+ **500 g Garnelen (küchenfertig)**
+ **Salz • Pfeffer aus der Mühle**
+ **8 Lasagneblätter**
+ **1 EL Öl**
+ **2 Schalotten**
+ **¼ l trockener Weißwein**
+ **200 g Crème fraîche**
+ **Saft von ½ Zitrone**

———

TIPP — *Wer kein Fan von Garnelen ist, kann die Lasagne auch mit Fischfilet (z. B. Rotbarsch oder Kabeljau) zubereiten. Das Filet in mundgerechte Würfel schneiden und wie oben beschrieben garen.*

CONCHIGLIE
MIT FORELLE UND FENCHEL

ZUBEREITUNG

01. Lauch und Fenchel putzen, waschen und in dünne Scheiben schneiden. Das Fenchelgrün für die Deko beiseitelegen.

02. Den Estragon waschen und trocken schütteln, die Blätter von den Stielen zupfen. Einige Blätter für die Deko beiseitelegen, den Rest fein hacken.

03. Die Conchiglie nach Packungsanweisung in reichlich kochendem Salzwasser bissfest garen.

04. Inzwischen die Butter in einem Topf zerlassen, die Lauch- und Fenchelscheiben darin etwa 4 Minuten dünsten. Anisschnaps und Sahne dazugeben und die Gemüsesauce bei schwacher Hitze 5 Minuten köcheln lassen.

05. Die Forellenfilets schräg in etwa 1 cm breite Stücke schneiden. Fischstücke und gehackten Estragon in die Sauce geben und kurz ziehen lassen, mit Salz und Pfeffer abschmecken.

05. Die Conchiglie in ein Sieb abgießen und abtropfen lassen. Mit der Sauce auf Tellern anrichten und mit dem Fenchelgrün und den Estragonblättern garniert servieren.

TIPP — *Eine raffinierte Variante für das Forellenragout: Statt der Fenchelknolle je 1 Bund Rucola und Petersilie verwenden und die Sauce mit Zitronensaft anstelle von Anisschnaps abschmecken.*

ZUTATEN
FÜR 4 PERSONEN

+ **2 Stangen Lauch**
+ **1 Fenchelknolle**
+ **1 Bund Estragon**
+ **Salz**
+ **400 g Conchiglie (Muschel-nudeln)**
+ **2 EL Butter**
+ **4 EL Anisschnaps (z. B. Pernod)**
+ **6 EL Sahne**
+ **4 geräucherte Forellen-filets (ca. 500 g)**
+ **Pfeffer aus der Mühle**

SPAGHETTI
MIT GARNELEN UND ARTISCHOCKEN

ZUBEREITUNG

01.   Die Artischockenherzen auf Küchenpapier abtropfen lassen und der Länge nach vierteln. Die Tomaten überbrühen, häuten, vierteln und entkernen. Das Fruchtfleisch in kleine Würfel schneiden.

02.   Die Garnelen abbrausen und trocken tupfen. Die Frühlingszwiebeln putzen, waschen und in feine Ringe schneiden.

03.   Die Spaghetti nach Packungsanweisung in reichlich kochendem Salzwasser bissfest garen.

04.   Inzwischen das Öl in einer breiten Pfanne erhitzen und die Frühlingszwiebeln darin weich dünsten. Die Garnelen und die Artischocken dazugeben und kurz mitbraten. Die Tomatenwürfel hinzufügen und ebenfalls kurz mitgaren.

05.   Den Sherry, die Sahne und den grünen Pfeffer unterrühren und etwas einkochen lassen. Mit Salz und Cayennepfeffer kräftig würzen.

06.   Die Spaghetti in ein Sieb abgießen und abtropfen lassen. Mit der Sauce anrichten und mit Estragonblättern garnieren.

ZUTATEN
FÜR 4 PERSONEN

+ 8 eingelegte Artischocken-herzen (aus dem Glas)
+ 4 große Tomaten
+ 250 g Garnelen (küchen-fertig)
+ 3 Frühlingszwiebeln
+ 400 g Spaghetti • Salz
+ 2 EL Olivenöl
+ 100 ml trockener Sherry
+ 200 g Sahne
+ 2 EL eingelegte grüne Pfefferkörner
+ 1 Msp. Cayennepfeffer
+ einige Estragonblätter

TIPP — *Sherry ist ein spanischer Likörwein, der in der Regel als Aperitif getrunken wird. Zum Kochen eignet sich vor allem trockener (Fino) oder halbtrockener (Amontillado) Sherry.*

SPAGHETTI
MIT THUNFISCH UND MINZE

ZUTATEN FÜR 4 PERSONEN

+ 400 g Thunfischfilet
+ 3 große Tomaten
+ 1 Knoblauchzehe
+ Salz • 400 g Spaghetti
+ 2 EL Olivenöl
+ 50 ml trockener Weißwein
+ Pfeffer aus der Mühle
+ 1 EL gehackte Minze

ZUBEREITUNG

01. Den Thunfisch waschen, trocken tupfen und in kleine Würfel schneiden. Die Tomaten überbrühen, häuten, vierteln und entkernen. Das Fruchtfleisch in Würfel schneiden. Den Knoblauch schälen und in feine Würfel schneiden.

02. Reichlich Wasser zum Kochen bringen, salzen und die Spaghetti darin nach Packungsanweisung bissfest garen.

03. Das Öl in einer kleinen Pfanne erhitzen und den Knoblauch darin kurz andünsten. Den Thunfisch dazugeben und 2 Minuten mitbraten. Die Tomatenwürfel und den Wein hinzufügen, mit Salz und Pfeffer würzen und 4 bis 5 Minuten leicht köcheln lassen. Zuletzt die Minze unter die Sauce rühren.

04. Die Spaghetti in ein Sieb abgießen, abtropfen lassen und mit der Thunfischsauce auf Tellern anrichten.

VERMICELLI
MIT VENUSMUSCHELN

ZUTATEN FÜR 4 PERSONEN

+ 1 kg Venusmuscheln
+ 150 g Tomaten
+ 1 Knoblauchzehe
+ 4 EL Olivenöl
+ 400 g Vermicelli
+ Salz
+ ½ Bund Petersilie
+ Pfeffer aus der Mühle

ZUBEREITUNG

01. Die Muscheln abbürsten und waschen, geöffnete Muscheln aussortieren. Die Tomaten überbrühen, häuten, vierteln und entkernen. Das Fruchtfleisch in Würfel schneiden. Den Knoblauch schälen und in feine Würfel schneiden.

02. Den Knoblauch in einer Pfanne in 2 EL Öl andünsten. Die Muscheln dazugeben und zugedeckt etwa 5 Minuten garen, bis sie sich öffnen. Geschlossene Muscheln wegwerfen. Die Muscheln – bis auf einige für die Deko – auslösen und den Sud durch ein feines Sieb gießen.

03. Die Vermicelli nach Packungsanweisung in einem großen Topf in reichlich kochendem Salzwasser bissfest garen.

04. Inzwischen die Petersilie waschen und trocken schütteln, die Blätter von den Stielen zupfen und fein hacken.

05. Restliches Öl erhitzen und die Tomatenwürfel darin andünsten. Muscheln, Sud und Petersilie hinzufügen. Alles etwa 3 Minuten erhitzen, mit Salz und Pfeffer würzen. Die Vermicelli in ein Sieb abgießen, abtropfen lassen und mit der Muschelsauce anrichten. Mit den restlichen Muscheln in der Schale garnieren.

MAKKARONI
MIT THUNFISCHSAUCE

ZUBEREITUNG

01. Die Semmelbrösel in einer Pfanne ohne Fett goldbraun rösten und beiseitestellen. Den Thymian waschen und trocken schütteln, die Blättchen von den Stielen zupfen.

02. Den Knoblauch schälen und in feine Scheiben schneiden. Die Zitronen heiß abwaschen, trocken reiben und die Schale dünn abschälen. Die Zitronen halbieren und den Saft auspressen, die Schale in feine Streifen schneiden.

03. Reichlich Wasser zum Kochen bringen, salzen und die Makkaroni darin nach Packungsanweisung bissfest garen.

04. Das Öl in einer Pfanne erhitzen, den Knoblauch und jeweils die Hälfte des Thymians und der Zitronenschalenstreifen darin unter Rühren etwa 2 Minuten andünsten. Den Thunfisch in einem Sieb abtropfen lassen, mit einer Gabel in Stücke teilen und dazugeben.

05. Kapern, Zitronensaft, Wein und Brühe ebenfalls in die Pfanne geben und die Sauce bei mittlerer Hitze 4 Minuten köcheln lassen. Mit Salz und Cayennepfeffer abschmecken.

06. Die Makkaroni in ein Sieb abgießen und abtropfen lassen. Auf vorgewärmte Teller verteilen und die Thunfisch-Zitronen-Sauce darübergeben. Mit Semmelbröseln, restlichen Kräuterblättern und Zitronenschalenstreifen bestreut servieren.

ZUTATEN
FÜR 4 PERSONEN

+ **4 EL Semmelbrösel**
+ **1 Bund Thymian**
+ **2 Knoblauchzehen**
+ **2 unbehandelte Zitronen**
+ **Salz**
+ **400 g Makkaroni**
+ **2 EL Olivenöl**
+ **2 Dosen Thunfisch (in Öl)**
+ **4 EL eingelegte Kapern**
+ **100 ml trockener Weißwein**
+ **100 ml Gemüsebrühe**
+ **Cayennepfeffer**

LINGUINE
MIT LACHS UND KÄSESAUCE

ZUTATEN FÜR 4 PERSONEN

+ 1 Zwiebel
+ 2 Knoblauchzehen
+ 1 rote Chilischote
+ 2 EL Butter
+ 100 ml trockener Weißwein
+ 125 ml Gemüsebrühe
+ 150 g frisch geriebener Gruyère
+ 150 g Crème fraîche
+ Salz • Pfeffer aus der Mühle
+ 400 g Linguine
+ 400 g Lachsfilet (ohne Haut)
+ 3 EL Zitronensaft
+ 2 EL Schnittlauchröllchen

ZUBEREITUNG

01. Die Zwiebel und den Knoblauch schälen und in feine Würfel schneiden. Die Chilischote längs halbieren, entkernen, waschen und in feine Streifen schneiden.

02. In einem Topf 1 EL Butter zerlassen, die Zwiebel- und Knoblauchwürfel darin andünsten. Wein und Brühe dazugießen und einmal aufkochen. Käse und Crème fraîche unterrühren und alles etwa 5 Minuten köcheln lassen. Mit Salz und Pfeffer würzen.

03. Die Linguine nach Packungsanweisung in einem großen Topf in reichlich kochendem Salzwasser bissfest garen.

04. Den Lachs waschen, trocken tupfen und in Streifen schneiden. Die restliche Butter in einer Pfanne zerlassen, Lachs und Chilistreifen darin 2 bis 3 Minuten braten. Mit Salz, Pfeffer und Zitronensaft würzen.

05. Den Schnittlauch unter die Käsesauce rühren. Die Linguine in ein Sieb abgießen, abtropfen lassen und mit der Käsesauce mischen. Mit dem Lachs auf Tellern anrichten.

SPAGHETTI
MIT FISCH UND PETERSILIE

ZUTATEN FÜR 4 PERSONEN

+ 2 Knoblauchzehen
+ 4 getrocknete Tomaten (in Öl)
+ 400 g Fischfilet (z. B. Kabeljau)
+ 2 EL Zitronensaft
+ Salz • Pfeffer aus der Mühle
+ 1 Bund Petersilie
+ 400 g Spaghetti
+ 4 EL Olivenöl
+ 40 g frisch geriebener Parmesan

ZUBEREITUNG

01. Den Knoblauch schälen und in feine Scheiben schneiden. Die Tomaten abtropfen lassen und in Streifen schneiden.

02. Das Fischfilet waschen, trocken tupfen und in mundgerechte Stücke schneiden. Die Fischstücke mit dem Zitronensaft beträufeln und mit Salz und Pfeffer würzen.

03. Petersilie waschen und trocken schütteln, die Blätter von den Stielen zupfen. Einige Blätter für die Deko beiseitelegen, den Rest hacken.

04. Die Spaghetti nach Packungsanweisung in reichlich kochendem Salzwasser bissfest garen. In einer großen Pfanne 2 EL Öl erhitzen und die Fischstücke mit den Knoblauchscheiben darin kurz anbraten. Die Tomatenstreifen dazugeben und kurz mitbraten.

05. Die Spaghetti in ein Sieb abgießen und abtropfen lassen, dabei 1 kleine Tasse Kochwasser auffangen. Die Spaghetti und die Petersilie in die Pfanne geben und unter den Fisch mischen. Das Nudelkochwasser und das restliche Öl untermischen. Die Spaghetti mit Pfeffer würzen und mit Parmesan bestreut servieren.

PAPPARDELLE
MIT HÄHNCHEN UND OLIVEN

ZUBEREITUNG

01. Das Hähnchenbrustfilet waschen, trocken tupfen und in kleine Stücke schneiden. Die Schalotte und den Knoblauch schälen und in feine Würfel schneiden. Die Artischockenherzen abtropfen lassen und in Stücke schneiden.

02. Die Petersilie waschen, trocken schütteln, die Blätter abzupfen und grob hacken. Die Zitrone heiß waschen, trocken reiben und die Schale fein abreiben. Den Zitronensaft auspressen.

03. Die Pappardelle nach Packungsanweisung in reichlich kochendem Salzwasser bissfest garen.

04. Das Olivenöl in einer großen Pfanne erhitzen, die Zwiebel und den Knoblauch darin 1 bis 2 Minuten andünsten. Das Hähnchenfleisch dazugeben und rundum anbraten. Mit der Brühe ablöschen, Zitronenschale und -saft, Artischocken und Oliven dazugeben und zugedeckt etwa 5 Minuten garen.

05. Die Pappardelle in ein Sieb abgießen und abtropfen lassen. Mit der Petersilie und den Mandeln unter das Fleisch und das Gemüse mischen und mit Salz und Pfeffer abschmecken.

___

TIPP — *Für dieses Pasta-Gericht eignen sich auch sehr gut grüne Oliven, die mit Mandeln gefüllt sind. Auf die Zugabe der ganzen Mandeln kann dann verzichtet werden.*

ZUTATEN FÜR 4 PERSONEN

+ **250 g Hähnchenbrustfilet**
+ **1 Schalotte**
+ **1 Knoblauchzehe**
+ **200 g Artischockenherzen (aus dem Glas)**
+ **3—4 Stiele Petersilie**
+ **½ unbehandelte Zitrone**
+ **400 g Pappardelle**
+ **Salz**
+ **2—3 EL Olivenöl**
+ **ca. 150 ml Hühnerbrühe**
+ **100 g grüne Oliven (ohne Stein)**
+ **2 EL ganze Mandeln**
+ **Pfeffer aus der Mühle**

RIGATONI
MIT PUTENFLEISCH, MAIS UND ZUCCHINI

ZUBEREITUNG

01. Die Zwiebel schälen und in feine Würfel schneiden. Die Putenbrust waschen, trocken tupfen und in Würfel schneiden. Das Fleisch portionsweise in jeweils etwas Butterschmalz braun anbraten und wieder aus der Pfanne nehmen. Die Zwiebelwürfel im Bratensatz bräunen lassen und das Mehl darüberstreuen. Mit dem Wein ablöschen und aufkochen lassen. Die Brühe dazugießen und bei schwacher Hitze kurz köcheln lassen. Die Sahne hinzufügen und einige Minuten leicht sämig einköcheln lassen.

02. Die Rigatoni nach Packungsanweisung in einem großen Topf in reichlich kochendem Salzwasser bissfest garen.

03. Inzwischen den Zucchino putzen, waschen, längs halbieren und in Scheiben schneiden. Die Paprikaschote längs halbieren und entkernen. Die Paprikahälften waschen und in kurze Streifen schneiden. Zusammen mit dem Mais und den Zucchinischeiben in die Sauce geben und bei schwacher Hitze 2 bis 3 Minuten köcheln lassen.

04. Das Putenfleisch wieder in die Pfanne geben, die Petersilie hinzufügen und alles bei schwacher Hitze 2 bis 3 Minuten gar ziehen lassen. Mit Zitronensaft, Salz und Pfeffer abschmecken. Die Rigatoni in ein Sieb abgießen, abtropfen lassen und mit der Gemüsesauce vermischen.

ZUTATEN
FÜR 4 PERSONEN

+ 1 Zwiebel
+ 600 g Putenbrust
+ Butterschmalz
+ 1–2 EL Mehl
+ 150 ml trockener Weißwein
+ 150 ml Geflügelbrühe
+ 150 g Sahne
+ 350 g Rigatoni
+ Salz
+ 1 Zucchino
+ 1 rote Paprikaschote
+ 150 g Maiskörner (aus der Dose)
+ 2 EL frisch gehackte Petersilie
+ 1 Spritzer Zitronensaft
+ Pfeffer aus der Mühle

ROTELLE
MIT HÄHNCHENBRUST

ZUTATEN FÜR 4 PERSONEN

+ 1 große Zwiebel
+ 2 Bund Petersilie
+ 400 g Rotelle • Salz
+ 2 Hähnchenbrustfilets
+ 6 EL Olivenöl
+ Pfeffer aus der Mühle
+ 1 TL gehackter Ingwer
+ 200 ml Gemüsebrühe
+ 1 EL Zitronensaft
+ 2 EL Mascarpone

ZUBEREITUNG

01. Die Zwiebel schälen und in feine Würfel schneiden. Die Petersilie waschen und trocken schütteln. Einige Stiele für die Deko beiseitelegen, von den restlichen Stielen die Blätter abzupfen und ebenfalls fein hacken.

02. Die Rotelle nach Packungsanweisung in einem großen Topf in reichlich kochendem Salzwasser bissfest garen.

03. Inzwischen die Hähnchenbrustfilets waschen, trocken tupfen und in 2 EL Öl auf beiden Seiten goldbraun braten. Mit Salz und Pfeffer würzen.

04. Das Fleisch aus der Pfanne nehmen. Die Zwiebelwürfel und den Ingwer im verbliebenen Öl in der Pfanne dünsten. Die Brühe und den Zitronensaft dazugeben. Den Mascarpone unterrühren und die Sauce etwas einkochen lassen. Mit Salz und Pfeffer würzen, die gehackte Petersilie untermischen.

05. Die Petersilienstiele im restlichen Öl frittieren und auf Küchenpapier abtropfen lassen. Die Rotelle in ein Sieb abgießen und abtropfen lassen. Mit der Sauce, dem aufgeschnittenen Hähnchenfleisch und der Petersilie anrichten, nach Belieben mit Zitronenzesten garnieren.

SPAGHETTI
MIT KALBFLEISCH

ZUTATEN FÜR 4 PERSONEN

+ **600 g Kalbsschnitzel**
+ **1 Schalotte · 200 g Möhren**
+ **1 unbehandelte Zitrone**
+ **3 EL Olivenöl**
+ **500 g Spaghetti · Salz**
+ **2 Knoblauchzehen**
+ **125 ml trockener Weißwein**
+ **125 ml Gemüsebrühe**
+ **4 EL Crème fraîche**
+ **1 Döschen Safranfäden**
+ **2 EL eingelegte Kapern**
+ **Pfeffer aus der Mühle**
+ **3 EL eingelegte Kapernäpfel**

ZUBEREITUNG

01. Das Kalbfleisch in Streifen schneiden. Schalotte schälen und in feine Würfel schneiden. Die Möhren schälen und in Stifte schneiden. Die Zitrone heiß abwaschen, trocken reiben und in Scheiben schneiden.

02. Das Öl erhitzen und das Fleisch darin unter Rühren etwa 4 Minuten braten. Herausnehmen und warm stellen.

03. Die Spaghetti nach Packungsanweisung in einem großen Topf in reichlich kochendem Salzwasser bissfest garen.

04. Inzwischen den Knoblauch schälen und in feine Würfel schneiden. Mit Schalotte und Möhren im verbliebenen Bratfett andünsten. Alles mit Wein und Brühe ablöschen. Crème fraîche, Safran, Kapern mit etwas Kapernflüssigkeit und 2 Zitronenscheiben dazugeben. Die Sauce zugedeckt 6 Minuten köcheln lassen. Dann das Kalbfleisch dazugeben, mit Salz und Pfeffer abschmecken.

05. Die Spaghetti in ein Sieb abgießen und abtropfen lassen. Mit der Sauce mischen und auf vorgewärmte Teller verteilen. Mit Kapernäpfeln und Zitronenscheiben garniert servieren.

TAGLIATELLE
MIT GULASCHSAUCE

ZUBEREITUNG

01. Die Zwiebeln schälen und in feine Würfel schneiden. Den Thymian waschen und trocken schütteln. Die Zitrone heiß abwaschen, trocknen reiben und etwas Schale abreiben.

02. In einer Pfanne 4 EL Öl erhitzen und die Zwiebelwürfel darin andünsten. Das Hackfleisch dazugeben, mit Salz und Pfeffer würzen und krümelig braten. Das Tomatenmark hinzufügen und kurz anschwitzen. Mit dem Wein ablöschen, die Thymianzweige und die Zitronenschale dazugeben, mit Kümmel und Cayennepfeffer würzen. Die Brühe dazugießen und zugedeckt bei mittlerer Hitze 15 Minuten zu einer sämigen Sauce einkochen lassen. Falls nötig, noch etwas Brühe nachgießen.

03. Den Backofen auf 120°C vorheizen. Die Orangen so großzügig schälen, dass auch die weiße Haut mit entfernt wird. Die Fruchtfilets aus den Trennhäuten schneiden und in eine tiefe ofenfeste Form geben. Den Knoblauch schälen und mit dem restlichen Öl mit dem Stabmixer pürieren. 2 bis 3 EL Knoblauchöl über die Orangenfilets geben und mit Pfeffer würzen. Im Backofen auf der mittleren Schiene 10 Minuten garen.

04. Die Tagliatelle nach Packungsanweisung in reichlich kochendem Salzwasser bissfest garen. Die Gulaschsauce mit Salz und Cayennepfeffer abschmecken und den Thymian entfernen. Die Tagliatelle in ein Sieb abgießen, abtropfen lassen und mit der Gulaschsauce auf Tellern anrichten. Die Knoblauch-Orangen darauflegen und nach Belieben mit Parmesan bestreuen.

ZUTATEN FÜR 4 PERSONEN

+ 4 Zwiebeln
+ 5 Zweige Thymian
+ 1 unbehandelte Zitrone
+ 120 ml Olivenöl
+ 300 g Hackfleisch (aus Gulaschfleisch)
+ Salz • Pfeffer aus der Mühle
+ 2 EL Tomatenmark
+ 2–3 EL trockener Rotwein
+ Kümmelpulver
+ Cayennepfeffer
+ 600 ml Gemüsebrühe
+ 4 Orangen
+ 1 Knoblauchzehe
+ 450 g Tagliatelle

FUSILLI
MIT KÜRBIS UND CHORIZO

ZUTATEN FÜR 4 PERSONEN

+ 400 g Fusilli
+ Salz
+ 500 g Kürbisfruchtfleisch
  (z. B. Moschuskürbis)
+ 1 Knoblauchzehe
+ 1 Schalotte
+ 3 EL Olivenöl
+ 200 g Chorizo (span. Paprikawurst)
+ 150 ml trockener Weißwein
+ ½ TL Rosmarin (gehackt)
+ 1 EL Petersilie (gehackt)
+ Pfeffer aus der Mühle

ZUBEREITUNG

01. Die Fusilli nach Packungsanweisung in einem großen Topf in reichlich kochendem Salzwasser bissfest garen.

02. Das Kürbisfruchtfleisch in kleine Würfel schneiden. Den Knoblauch und die Schalotte schälen und in feine Würfel schneiden.

03. Das Olivenöl in einer Pfanne erhitzen, den Knoblauch und die Schalotte darin andünsten. Die Kürbiswürfel dazugeben und kurz mitdünsten.

04. Die Chorizo pellen und erst in dicke Scheiben, dann in Würfel schneiden und mit in die Pfanne geben. Den Wein angießen und alles zugedeckt bei mittlerer Hitze 5 bis 8 Minuten schmoren lassen.

05. Die Nudeln in ein Sieb abgießen, abtropfen lassen und mit den Kräutern unter die Kürbissauce mischen. Die Fusilli mit Salz und Pfeffer abschmecken, auf tiefe Teller oder Schälchen verteilen und nach Belieben mit Rosmarin garniert servieren.

SPAGHETTI
CARBONARA

ZUTATEN FÜR 4 PERSONEN

+ 500 g Spaghetti
+ Salz
+ 4 Eigelb
+ 150 g Sahne
+ Pfeffer aus der Mühle
+ 1 Knoblauchzehe
+ 50 g Parmesan (am Stück)
+ 150 g Pancetta (ital. Bauchspeck)
+ 1–2 EL Olivenöl

ZUBEREITUNG

01. Die Spaghetti nach Packungsanweisung in einem großen Topf in reichlich kochendem Salzwasser bissfest garen.

02. Inzwischen die Eigelbe mit der Sahne in eine Schüssel geben. Mit Salz und Pfeffer würzen und verquirlen. Die Knoblauchzehe schälen und in feine Würfel schneiden. Den Parmesan fein reiben.

03. Die Pancetta in kleine Würfel schneiden. Das Olivenöl in einer großen Pfanne erhitzen und den Speck darin anbraten. Den Knoblauch hinzufügen und kurz andünsten.

04. Die Spaghetti in ein Sieb abgießen und abtropfen lassen. In die Pfanne geben und mit dem Speck mischen. Die Eiersahne darübergießen, gut untermischen und die Pfanne vom Herd nehmen, damit das Ei nicht stockt.

05. Die Spaghetti carbonara auf Teller verteilen und mit dem geriebenen Parmesan bestreuen.

SPAGHETTI
MIT PARMASCHINKEN

ZUBEREITUNG

01. Die Spaghetti nach Packungsanweisung in reichlich kochendem Salzwasser bissfest garen.

02. Inzwischen den gekochten Schinken in kleine Würfel schneiden. Die Perlzwiebeln schälen. Das Basilikum waschen und trocken schütteln, die Blätter von den Stielen zupfen. Einige Blätter für die Deko beiseitelegen, den Rest in Streifen schneiden.

03. Das Öl in einer großen Pfanne erhitzen, die Schinkenwürfel und die Zwiebeln darin etwa 6 Minuten anbraten. Den Knoblauch schälen, in feine Würfel schneiden und dazugeben.

04. Den Parmesan mit dem Sparschäler in grobe Späne hobeln. Die Spaghetti in ein Sieb abgießen und abtropfen lassen. Mit dem Parmaschinken und dem Parmesan – bis auf 2 EL – in die Pfanne geben und untermischen. Alles weitere 3 bis 4 Minuten braten, mit Salz und Pfeffer würzen.

05. Die Basilikumstreifen untermischen. Die Schinken-Spaghetti mit den restlichen Basilikumblättern und dem restlichen Parmesan bestreut servieren.

TIPP — *Verwenden Sie für dieses Gericht frische Perlzwiebeln — eingelegte Zwiebeln eignen sich nicht. Die Zwiebeln lassen sich besonders gut schälen, wenn man sie 5 Minuten in kaltes Wasser legt.*

ZUTATEN FÜR 4 PERSONEN

+ **400 g Spaghetti**
+ **Salz**
+ **100 g gekochter Schinken (am Stück)**
+ **150 g Perlzwiebeln**
+ **1 Bund Basilikum**
+ **3 EL Olivenöl**
+ **1 Knoblauchzehe**
+ **100 g Parmesan (am Stück)**
+ **100 g Parmaschinken (in dünnen Scheiben)**
+ **Pfeffer aus der Mühle**

PAPPARDELLE
MIT ENTENBRUST

ZUBEREITUNG

01. Die Zwiebeln und den Knoblauch schälen und in feine Würfel schneiden. Die Entenbrustfilets waschen, trocken tupfen und die Haut abziehen – wer will, kann sie in kleine Stücke schneiden und kross anbraten. Die Entenbrustfilets quer in Streifen schneiden.

02. Die Pappardelle nach Packungsanweisung in reichlich kochendem Salzwasser bissfest garen.

03. Inzwischen 2 EL Öl in einem Topf erhitzen und die Filetstreifen darin anbraten. Die Zwiebeln und den Knoblauch dazugeben und etwa 3 Minuten weiterbraten.

04. Die passierten Tomaten und die Brühe dazugießen. Die Sauce mit Salz, Pfeffer und Aceto balsamico würzen und einmal aufkochen lassen.

05. Inzwischen den Salbei waschen, trocken schütteln und die Blätter von den Stielen zupfen. Die Blätter in 4 EL Öl kurz frittieren. Die Pappardelle in ein Sieb abgießen und abtropfen lassen. Mit der Sauce, den Schinkenscheiben und den Salbeiblättern anrichten.

ZUTATEN
FÜR 4 PERSONEN

+ **150 g weiße Gemüse-
  zwiebeln**
+ **2 Knoblauchzehen**
+ **2 Entenbrustfilets**
+ **400 g Pappardelle • Salz**
+ **6 EL Olivenöl**
+ **500 g passierte Tomaten
  (Fertigprodukt)**
+ **200 ml Geflügelbrühe**
+ **Pfeffer aus der Mühle**
+ **2 EL Aceto balsamico**
+ **1 Bund Salbei**
+ **100 g Parmaschinken
  (in dünnen Scheiben)**

TIPP — *Wer gerne Salbei isst, kann im Nudelkochwasser einige Blätter mitkochen — das gibt den Pappardelle bereits ein leichtes Salbeiaroma. Genauso kann man auch mit anderen Kräutern verfahren.*

LINGUINE
MIT SAUBOHNEN UND SPECK

ZUBEREITUNG

01. Die Saubohnen in kochendem Salzwasser 6 bis 8 Minuten blanchieren, in ein Sieb abgießen, kalt abschrecken und die Bohnenkerne aus den Häutchen drücken.

02. Die Linguine nach Packungsanweisung in reichlich kochendem Salzwasser bissfest garen.

03. Den Speck in einer beschichteten Pfanne ohne Fett knusprig braten und auf Küchenpapier abtropfen lassen. Die Minze waschen, trocken schütteln, die Blätter abzupfen und in feine Streifen schneiden.

04. Das Olivenöl in einer großen Pfanne erhitzen und die Saubohnen darin schwenken. Die Linguine in ein Sieb abgießen, abtropfen lassen und mit der Minze in der Pfanne mit den Bohnen mischen, dann den Käse darüberbröckeln.

05. Die Linguine mit Salz und Pfeffer abschmecken und auf tiefe Teller oder Schälchen verteilen. Den Speck grob in Stücke brechen und darüberstreuen.

TIPP — *Saubohnen — oft auch als dicke Bohnen oder Ackerbohnen bezeichnet — sind frisch nur in den Sommermonaten erhältlich. Ersatzweise können Sie Tiefkühlware verwenden.*

ZUTATEN
FÜR 4 PERSONEN

+ **400 g frische Saubohnen**
+ **Salz**
+ **400 g Linguine**
+ **100 g Frühstücksspeck (in Scheiben)**
+ **1 Handvoll Minze**
+ **4 EL Olivenöl**
+ **100 g Pecorino (am Stück)**
+ **Pfeffer aus der Mühle**

04

PASTA GEFÜLLT & AUS DEM OFEN

LASAGNETASCHEN
MIT GARNELEN UND ZUCCHINI

ZUBEREITUNG

01. Die Lasagneblätter in reichlich kochendem Salzwasser mit 1 EL Öl etwa 6 Minuten weich garen (auch bei Lasagneplatten ohne Vorkochen!). Die Nudelplatten mit dem Schaumlöffel einzeln herausnehmen und in eine Schüssel mit kaltem Wasser geben, damit sie nicht aneinander kleben.

02. Inzwischen die Garnelen abbrausen und trocken tupfen. Mit Limettensaft beträufeln und abgedeckt in den Kühlschrank stellen. Den Dill waschen und trocken schütteln, die Spitzen von den Stielen zupfen und fein hacken. Die Frühlingszwiebeln putzen, waschen und in Ringe schneiden. Die Zucchini putzen, waschen und auf einer Küchenreibe grob raspeln.

03. Das Butterschmalz in einer Pfanne erhitzen und die Zucchini darin etwa 1 Minute andünsten. Die Zucchiniraspel gleich wieder aus der Pfanne nehmen und mit dem gehackten Dill und den Frühlingszwiebelringen mischen.

04. Den von den Garnelen abgetropften Limettensaft zum Gemüse gießen. Garnelen und Gemüse mit Salz und Pfeffer würzen.

05. Den Backofen auf 175 °C vorheizen. Die Lasagneblätter aus dem Wasser nehmen, trocken tupfen und längs zusammenknicken, sodass Taschen entstehen. Die Taschen mit der Öffnung nach oben nebeneinander in eine gefettete ofenfeste Form setzen.

06. Die Nudeltaschen mit dem Gemüse füllen und mit den Garnelen belegen. Die Sahne, den Frischkäse und die Eier verrühren, mit Salz und Pfeffer würzen. Die Lasagnetaschen mit der Sahne-Ei-Mischung begießen und im Backofen auf der mittleren Schiene etwa 20 Minuten garen. Die Garnelen nach 10 Minuten mit 1 EL Öl bestreichen.

ZUTATEN
FÜR 4 PERSONEN

+ **8–10 Lasagneblätter**
+ **Salz**
+ **2 EL Olivenöl**
+ **12 Riesengarnelen (küchenfertig)**
+ **Saft von 2 Limetten**
+ **1 Bund Dill**
+ **1 Bund Frühlingszwiebeln**
+ **800 g Zucchini**
+ **1 EL Butterschmalz**
+ **Pfeffer aus der Mühle**
+ **Fett für die Form**
+ **150 g Sahne**
+ **125 g Doppelrahmfrischkäse**
+ **2 Eier**

SPINATLASAGNE
MIT TOMATENSAUCE

ZUBEREITUNG

01. Die Schalotte und den Knoblauch schälen und in feine Würfel schneiden. Die getrockneten Tomaten auf Küchenpapier abtropfen lassen und hacken. In einer großen Pfanne 2 EL Öl erhitzen, Schalotte, Knoblauch und die getrockneten Tomaten darin andünsten.

02. Dosentomaten samt Saft und den Wein dazugeben, die Tomaten mit einer Gabel zerdrücken. Bei mittlerer Hitze etwa 10 Minuten zu einer dickflüssigen Sauce einkochen lassen, mit Salz und Pfeffer kräftig würzen.

03. Den Spinat putzen, waschen und in kochendem Salzwasser kurz blanchieren. In ein Sieb abgießen, gut ausdrücken und klein hacken.

04. Den Spinat in einer Schüssel mit dem Ricotta vermischen, mit Muskatnuss, Salz und Pfeffer kräftig würzen.

05. Den Backofen auf 180 °C vorheizen. Für die Käsesauce die Butter in einem kleinen Topf zerlassen, das Mehl darin unter Rühren goldgelb anschwitzen. Die Milch unter ständigem Rühren nach und nach dazugeben. Den Parmesan unterrühren und die Sauce bei schwacher Hitze etwa 10 Minuten köcheln lassen.

06. Eine ofenfeste Form mit 1 EL Öl ausstreichen und lagenweise füllen: Zunächst den Boden mit Lasagneblättern auslegen und mit Tomatensauce bestreichen. Mit Lasagneblättern belegen und die Spinat-Ricotta-Mischung darauf verteilen. In dieser Reihenfolge alle Zutaten in die Form schichten. Mit der Käsesauce begießen und den Mozzarella darauflegen. Die Lasagne im Backofen auf der mittleren Schiene etwa 60 Minuten goldbraun überbacken.

ZUTATEN
FÜR 4 PERSONEN

+ **1 Schalotte**
+ **2 Knoblauchzehen**
+ **3 EL getrocknete Tomaten (in Öl)**
+ **3 EL Olivenöl**
+ **400 g geschälte Tomaten (aus der Dose)**
+ **50 ml trockener Weißwein**
+ **Salz · Pfeffer aus der Mühle**
+ **200 g Blattspinat**
+ **500 g Ricotta**
+ **frisch geriebene Muskatnuss**
+ **25 g Butter · 25 g Mehl**
+ **300 ml Milch**
+ **50 g frisch geriebener Parmesan**
+ **250 g Lasagneblätter**
+ **150 g Mozzarella (in Scheiben geschnitten)**

MAKKARONIAUFLAUF
MIT ZUCCHINI UND PETERSILIE

ZUTATEN FÜR 4 PERSONEN

+ **350 g Makkaroni** • **Salz**
+ **1 Zwiebel** • **1 Knoblauchzehe**
+ **1 großer Zucchino**
+ **200 g Edelpilzkäse (z. B. Gorgonzola)**
+ **2 Eier**
+ **2 Bund Petersilie**
+ **Fett für die Form**
+ **4 ½ EL Butter**
+ **3 ½ EL Mehl**
+ **400 ml Milch**
+ **Pfeffer aus der Mühle**
+ **ca. 2 EL Paniermehl**

ZUBEREITUNG

01. Die Makkaroni nach Packungsanweisung in reichlich kochendem Salzwasser bissfest garen. Die Zwiebel und den Knoblauch schälen und in feine Würfel schneiden. Den Zucchino putzen, waschen, der Länge nach halbieren und mit einem Löffel die Kerne entfernen.

02. Den Käse in kleine Stücke schneiden. Die Eier verquirlen. Die Petersilie waschen und trocken schütteln, die Blätter von den Stielen zupfen und fein hacken. Eine ofenfeste Form einfetten. Den Backofen auf 200 °C vorheizen.

03. In einem Topf 3 EL Butter zerlassen, Zwiebel- und Knoblauchwürfel darin andünsten. Das Mehl dazugeben und kurz anschwitzen. Die Milch unter ständigem Rühren nach und nach dazugeben. Drei Viertel der Käsestücke unter Rühren in der Sauce schmelzen.

04. Den Topf vom Herd nehmen und die Eier in die Sauce rühren. Makkaroni, Zucchini und Petersilie in der Form verteilen. Die Käsesauce mit Salz und Pfeffer würzen und darübergießen. Restlichen Käse, Paniermehl und Butterflöckchen darübergeben und im Backofen auf der mittleren Schiene 30 Minuten überbacken.

CANNELLONI
MIT SPINAT UND RICOTTA

ZUTATEN FÜR 4 PERSONEN

+ **400 g Blattspinat**
+ **Fett für die Form**
+ **20 g Pinienkerne**
+ **200 g Ricotta**
+ **3 Eier**
+ **Salz • Pfeffer aus der Mühle**
+ **1 Knoblauchzehe**
+ **16 Cannelloni**
+ **100 g Parmesan (am Stück)**
+ **100 g Sahne**
+ **1 EL Butter**

ZUBEREITUNG

01. Den Spinat putzen und waschen. In kochendem Wasser zusammenfallen lassen, in ein Sieb abgießen und abtropfen lassen. Gut ausdrücken und grob hacken. Eine ofenfeste Form einfetten und den Backofen auf 200°C vorheizen.

02. Die Pinienkerne in einer Pfanne ohne Fett goldbraun rösten und abkühlen lassen. Den Ricotta mit 1 Ei, etwas Salz und Pfeffer glatt rühren. Den Knoblauch schälen, in feine Würfel schneiden und unterrühren. Die Pinienkerne hacken und unter die Käsecreme mischen.

03. Den Spinat ebenfalls unterrühren. Die Spinat-Ricotta-Masse mit einem Löffel oder Spritzbeutel in die Cannelloni füllen. Die Cannelloni nebeneinander in die Auflaufform setzen.

04. Den Parmesan fein reiben. Die Sahne, die restlichen Eier und 60 g geriebenen Parmesan verquirlen und über die Cannelloni gießen.

05. Restlichen Parmesan über die Cannelloni streuen und mit Butterflöckchen belegen. Die Cannelloni im Backofen auf der mittleren Schiene etwa 35 Minuten goldbraun überbacken.

CONCHIGLIONI
MIT SPARGELFÜLLUNG

ZUBEREITUNG

01. Die Conchiglioni nach Packungsanweisung in reichlich kochendem Salzwasser bissfest garen. In ein Sieb abgießen, kalt abbrausen und abtropfen lassen.

02. Die Spargelstangen waschen, die holzigen Enden abschneiden und die Stangen gründlich schälen. Mit 1 Prise Zucker in reichlich kochendem Salzwasser etwa 15 Minuten bissfest garen. Die Spargelstangen abtropfen lassen und schräg in Scheiben schneiden.

03. Das Hähnchenbrustfilet waschen, trocken tupfen und in kleine Würfel schneiden. Die Schalotten schälen und in feine Würfel schneiden. Die Petersilie waschen und trocken schütteln, die Blätter von den Stielen zupfen und fein hacken. Den Mozzarella in Würfel schneiden.

04. Den Backofen auf 200 °C vorheizen. Die Spargelscheiben mit dem Fleisch, dem Mozzarella, den Schalotten, der Petersilie, dem Eigelb und den Semmelbröseln mischen, mit Salz und Pfeffer kräftig abschmecken.

05. Die Masse mit einem Löffel in die Conchiglioni füllen und diese nebeneinander in eine gefettete feuerfeste Form setzen. Den Wein mit der Sahne mischen und seitlich in die Form gießen. Den Pecorino über die gefüllten Nudeln streuen, mit Butterflöckchen belegen. Die Conchiglioni im Backofen auf der mittleren Schiene etwa 35 Minuten goldbraun überbacken.

ZUTATEN
FÜR 4 PERSONEN

+ **250 g Conchiglioni • Salz**
+ **250 g weißer Spargel**
+ **Zucker**
+ **150 g Hähnchenbrustfilet**
+ **2 Schalotten**
+ **1 Bund Petersilie**
+ **1 Kugel Mozzarella (ca. 125 g)**
+ **1 Eigelb**
+ **2 EL Semmelbrösel**
+ **Pfeffer aus der Mühle**
+ **Fett für die Form**
+ **100 ml trockener Weißwein**
+ **2 EL Sahne**
+ **50 g frisch geriebener Pecorino**
+ **2 TL Butter**

LASAGNE
MIT GORGONZOLASAUCE

ZUBEREITUNG

01. Die Lasagneblätter in reichlich kochendem Salzwasser bissfest garen, herausnehmen und abtropfen lassen.

02. Zwiebel, Knoblauch und Möhren schälen und in Würfel schneiden. Den Fenchel putzen, waschen und ebenfalls in Würfel schneiden. Die Tomaten überbrühen, häuten, vierteln und entkernen. Das Fruchtfleisch in Würfel schneiden.

03. Das Butterschmalz in einer Pfanne erhitzen und das Hackfleisch darin krümelig braten. Das vorbereitete Gemüse und das Lorbeerblatt einige Minuten mitbraten. Den Wein dazugießen und so lange bei starker Hitze kochen lassen, bis die gesamte Flüssigkeit verdampft ist. Das Lorbeerblatt wieder herausnehmen und die Petersilie untermischen. Mit Salz und Pfeffer würzen.

04. Die Butter in einem kleinen Topf zerlassen, das Mehl darin unter Rühren goldgelb anschwitzen. Die Milch unter ständigem Rühren nach und nach dazugeben. Mit Salz, Pfeffer und Muskatnuss würzen und die Sauce bei schwacher Hitze etwa 10 Minuten köcheln lassen. Den Gorgonzola in Würfel schneiden, dazugeben und schmelzen lassen. Den Backofen auf 200 °C vorheizen.

05. Eine rechteckige ofenfeste Form einfetten und lagenweise füllen: Zunächst den Boden mit Lasagneblättern auslegen, dann etwas Gemüse-Hackfleisch-Sauce und etwas Käsesauce darüber verteilen. Mit Lasagneblättern belegen und so fortfahren, bis alles verbraucht ist. Zum Schluss mit Lasagneblättern bedecken und die restliche Käsesauce darauf verteilen. Mit Parmesan bestreuen und im vorgeheizten Backofen etwa 35 Minuten goldbraun überbacken.

ZUTATEN
FÜR 4 PERSONEN

+ 12 Lasagneblätter • Salz
+ 1 Zwiebel
+ 1 Knoblauchzehe
+ 2 Möhren
+ ½ Fenchelknolle
+ 4 Tomaten
+ 1 EL Butterschmalz
+ 400 g Hackfleisch
+ 1 Lorbeerblatt
+ 125 ml trockener Weißwein
+ Pfeffer aus der Mühle
+ 1 EL fein gehackte Petersilie
+ 1 EL Butter • 1 EL Mehl
+ ¼ l Milch
+ Pfeffer aus der Mühle
+ frisch geriebene Muskatnuss
+ 200 g Gorgonzola
+ Fett für die Form
+ 80 g frisch geriebener Parmesan

LASAGNEROULADEN
MIT RICOTTA UND SCHINKEN

ZUTATEN FÜR 4 PERSONEN

+ 8 Lasagneblätter • Salz
+ 2 EL Olivenöl
+ 200 g gekochter Schinken (am Stück)
+ 1 Bund Rucola • 1 Zwiebel
+ 2 Knoblauchzehen
+ 400 g Ricotta • 2 Eier
+ 150 g frisch geriebener Parmesan
+ Pfeffer aus der Mühle
+ frisch geriebene Muskatnuss
+ Fett für die Form
+ 2 TL Butter

ZUBEREITUNG

01. Die Lasagneblätter in reichlich kochendem Salzwasser mit 1 EL Öl 6 Minuten weich garen (auch bei Lasagneblättern ohne Vorkochen!). Einzeln mit dem Schaumlöffel herausnehmen und in eine Schüssel mit kaltem Wasser geben.

02. Den Schinken in Würfel schneiden. Den Rucola verlesen, waschen, trocken schütteln und sehr fein hacken. Die Zwiebel und den Knoblauch schälen und in feine Würfel schneiden. 1 EL Öl erhitzen, Zwiebel und Knoblauch darin andünsten. Den Backofen auf 180 °C vorheizen.

03. Die Zwiebelmischung mit Rucola, Ricotta, Eiern und 100 g Parmesan mischen, mit Salz, Pfeffer und Muskatnuss würzen. Die Lasagneblätter abtropfen lassen und dünn mit der Mischung bestreichen. Die Blätter von der kurzen Seite her aufrollen, jeweils in 3 gleich große Stücke schneiden.

04. Die Nudelrouladen in eine gefettete ofenfeste Form setzen, mit dem restlichen Parmesan bestreuen und mit Butterflöckchen belegen. Im Backofen auf der mittleren Schiene etwa 15 Minuten goldbraun überbacken.

CANNELLONI
MIT LAUCHFÜLLUNG

ZUTATEN FÜR 4 PERSONEN

+ ca. 6 dünne Stangen Lauch
+ Salz • Pfeffer aus der Mühle
+ frisch geriebene Muskatnuss
+ 16 Cannelloni
+ 2 EL Olivenöl
+ 1 EL Tomatenmark
+ 480 g geschälte Tomaten (aus der Dose)
+ 1 EL getrockneter Oregano
+ Zucker • Fett für die Form
+ 200 g Schafskäse
+ 150 g Crème fraîche

ZUBEREITUNG

01. Die Lauchstangen putzen, waschen und in 16 Stücke schneiden (die Stücke sollten die gleiche Länge wie die Cannelloni haben). Den Lauch in kochendem Salzwasser blanchieren. In ein Sieb abgießen, mit Salz, Pfeffer und Muskatnuss würzen. Die Cannelloni mit den Lauchstangen füllen.

02. Das Öl erhitzen, Tomatenmark, Dosentomaten ohne Saft und Oregano darin andünsten. Die Sauce etwa 20 Minuten einkochen lassen, mit Salz, Pfeffer und etwas Zucker würzen.

03. Den Backofen auf 200 °C vorheizen. Die Tomatensauce in eine gefettete ofenfeste Form geben und die Cannelloni daraufsetzen.

04. Den Schafskäse grob zerkrümeln. Mit der Crème fraîche verrühren, mit Salz und Pfeffer würzen und über die Cannelloni geben. Die Cannelloni im Backofen auf der mittleren Schiene etwa 35 Minuten goldbraun überbacken, die letzten 3 Minuten den Backofengrill zuschalten.

MAKKARONIAUFLAUF
MIT MORTADELLA UND GEMÜSE

ZUBEREITUNG

01. Die Zwiebeln und den Knoblauch schälen und in feine Würfel schneiden. Die Aubergine putzen, waschen und in kleine Würfel schneiden. Die Champignons putzen, mit Küchenpapier trocken abreiben und je nach Größe halbieren oder vierteln. Die Mortadella in etwa 1 cm breite Streifen schneiden.

02. Das Öl in einem Topf erhitzen, Zwiebeln, Knoblauch, Aubergine, Champignons und Mortadella darin anbraten. Tomatenmark und die passierten Tomaten dazugeben und den Wein dazugießen. Die Sauce bei schwacher Hitze etwa 15 Minuten köcheln lassen.

03. Den Majoran waschen und trocken schütteln, die Blättchen von den Stielen zupfen und fein hacken.

04. Den Backofen auf 200 °C vorheizen. Die Makkaroni nach Packungsanweisung in reichlich kochendem Salzwasser bissfest garen. In ein Sieb abgießen und abtropfen lassen.

05. Majoran und Mascarpone unter die Sauce mischen, mit Salz und Pfeffer abschmecken.

06. Die Makkaroni abwechselnd mit der Sauce in eine gefettete ofenfeste Form schichten. Den Mozzarella in Scheiben schneiden und darüber verteilen. Den Nudelauflauf im Backofen auf der mittleren Schiene etwa 15 Minuten goldbraun überbacken.

ZUTATEN FÜR 4 PERSONEN

+ 2 Zwiebeln
+ 2 Knoblauchzehen
+ 1 kleine Aubergine
+ 80 g braune Champignons
+ 150 g Mortadella (in Scheiben)
+ 3 EL Olivenöl
+ 1 EL Tomatenmark
+ 100 g passierte Tomaten (Fertigprodukt)
+ 150 ml trockener Weißwein
+ 3 Zweige Majoran
+ 250 g Makkaroni • Salz
+ 100 g Mascarpone
+ Pfeffer aus der Mühle
+ Fett für die Form
+ 1 Kugel Mozzarella (ca. 125 g)

NUDEL-BROKKOLI-AUFLAUF
MIT SARDELLEN

ZUBEREITUNG

01.   Die Penne nach Packungsanweisung in reichlich kochendem Salzwasser bissfest garen, in ein Sieb abgießen und abtropfen lassen.

02.   Den Brokkoli putzen, waschen und in einzelne Röschen teilen. Den Stiel schälen und in kleine Würfel schneiden. Den Brokkoli in kochendem Salzwasser 2 bis 3 Minuten blanchieren, in ein Sieb abgießen, kalt abschrecken und abtropfen lassen.

03.   Den Backofen auf 180 °C vorheizen. Den Knoblauch schälen und in feine Würfel schneiden, die Sardellen abtropfen lassen und fein hacken. Für den Guss die Eier mit der Sahne, der Crème fraîche, dem Knoblauch, den Sardellen und der Hälfte des Käses in einer Schüssel verquirlen. Mit Salz, Pfeffer und Muskatnuss würzen.

04.   Die Nudeln mit dem Brokkoli mischen und in einer ofenfester Form verteilen. Die Eiersahne darübergießen, den Auflauf mit dem restlichen Käse bestreuen und im Ofen auf der mittleren Schiene etwa 30 Minuten goldbraun überbacken.

———

TIPP — *In Aufläufen lassen sich wunderbar Reste verwerten, etwa übrig gebliebene Nudeln und Gemüse — einfach alles mit Eiersahne in eine Form schichten und mit Käse überbacken!*

ZUTATEN FÜR 4 PERSONEN

+ **400 g Penne**
+ **Salz**
+ **500 g Brokkoli**
+ **1 Knoblauchzehe**
+ **4–5 Sardellenfilets (in Öl)**
+ **4 Eier**
+ **200 g Sahne**
+ **100 g Crème fraîche**
+ **100 g geriebener Käse (z. B. Emmentaler, Gouda)**
+ **Pfeffer aus der Mühle**
+ **frisch geriebene Muskatnuss**

RAVIOLI
MIT SALBEI-KNOBLAUCH-BUTTER

ZUTATEN FÜR 4 PERSONEN

+ **400 g Mehl** • **5 Eier**
+ **1 EL Olivenöl**
+ **Salz** • **300 g Blattspinat**
+ **200 g Ricotta**
+ **Pfeffer aus der Mühle**
+ **frisch geriebene Muskatnuss**
+ **60 g frisch geriebener Parmesan**
+ **2 EL Semmelbrösel**
+ **Mehl für die Arbeitsfläche**
+ **2 Knoblauchzehen**
+ **50 g Butter**
+ **15 Salbeiblätter**

ZUBEREITUNG

01. Aus Mehl, 4 Eiern, Öl und ½ TL Salz einen Nudelteig kneten (siehe Innenklappe hinten). Zugedeckt 30 Minuten ruhen lassen.

02. Für die Füllung den Spinat putzen, waschen und in kochendem Salzwasser 2 Minuten blanchieren. In ein Sieb abgießen und abtropfen lassen. Gut ausdrücken und grob hacken. Den Ricotta, die Gewürze, den Parmesan, die Semmelbrösel und das restliche Ei dazugeben und alles gut vermischen.

03. Den Teig auf bemehlter Arbeitsfläche portionsweise dünn ausrollen und Kreise von etwa 6 cm Durchmesser ausstechen. Auf jeden Teigkreis 2 TL der Füllung geben, die Teigränder mit Wasser bestreichen und zu Halbkreisen schließen. Die Ränder mit einer Gabel festdrücken.

04. Die Ravioli in reichlich kochendem Salzwasser 4 bis 5 Minuten garen, mit dem Schaumlöffel herausheben und abtropfen lassen. Knoblauch schälen, fein würfeln und in der Butter anbraten. Die Salbeiblätter kurz darin schwenken. Die Ravioli mit der Salbeibutter anrichten.

RUCOLA-RAVIOLI
MIT CHILI UND PECORINO

ZUTATEN FÜR 4 PERSONEN

+ **400 g Mehl · 4 Eier**
+ **2 EL Olivenöl · Salz**
+ **200 g Rucola**
+ **1 Zwiebel · 250 g Ricotta**
+ **50 g frisch geriebener Pecorino**
+ **Pfeffer aus der Mühle**
+ **frisch geriebene Muskatnuss**
+ **Mehl für die Arbeitsfläche**
+ **4 EL Butter**
+ **½ Bund Rucola zum Garnieren**
+ **1 getrocknete Chilischote**
+ **50 g frisch gehobelter Pecorino**

ZUBEREITUNG

01. Aus Mehl, Eiern, 1 EL Öl und ½ TL Salz einen Nudelteig kneten (siehe Innenklappe hinten). Zugedeckt 30 Minuten ruhen lassen.

02. Für die Füllung den Rucola verlesen, waschen und trocken schütteln, die Blätter fein hacken. Zwiebel schälen und in feine Würfel schneiden. Das restliche Öl in einer Pfanne erhitzen, Zwiebel und Rucola darin andünsten, bis alle Flüssigkeit verdampft ist. Lauwarm abkühlen lassen und mit Ricotta und Pecorino vermischen, mit Salz, Pfeffer und Muskatnuss würzen.

03. Den Teig auf bemehlter Arbeitsfläche dünn zu 2 Platten ausrollen. Auf eine Teigplatte in Abständen von etwa 3 cm 1 bis 2 TL der Füllung setzen. Mit der anderen Teigplatte abdecken. Den Teig um die Füllung festdrücken. Mit dem Teigrädchen Ravioli ausschneiden (siehe Außenklappe hinten). Die Ravioli in kochendem Salzwasser 3 bis 4 Minuten garen.

04. Ravioli abgießen und mit zerlassener Butter, restlichem Rucola, zerstoßener Chilischote und Pecorino bestreut servieren.

MAULTASCHEN
MIT PETERSILIENPESTO

ZUBEREITUNG

01. Für die Maultaschen aus Mehl, ½ TL Salz, den Eiern, Öl und 4 EL Wasser einen glatten Nudelteig kneten. Den Teig zugedeckt 30 Minuten ruhen lassen.

02. Für das Pesto die Petersilien- und Liebstöckelblätter waschen und trocken tupfen. Die Kräuterblätter mit Parmesan und Pinienkernen im Blitzhacker oder mit dem Stabmixer fein pürieren. Dabei nach und nach das Traubenkernöl einfließen lassen. Mit Salz und Pfeffer würzen.

03. Für die Füllung den Spinat auftauen, gut ausdrücken und fein hacken. Die Zwiebel schälen, in feine Würfel schneiden und in einer Pfanne in der Butter 2 bis 3 Minuten andünsten. Spinat, Zwiebel, Brät, Paniermehl und Zitronenschale gut verrühren. Mit Salz, Pfeffer und 1 Prise Muskatnuss würzen.

04. Den Nudelteig in vier gleich große Portionen teilen. Jeweils dünn mit der Nudelmaschine oder dem Nudelholz auf der bemehlten Arbeitsfläche zu 12 x 40 cm großen Teigbahnen ausrollen. Je ein Viertel der Füllung der Länge nach auf zwei Drittel des Teiges gleichmäßig verstreichen. Das obere Drittel mit etwas Wasser bestreichen und die Teigplatten von unten nach oben aufrollen. Mit einem Holzlöffelstiel die Rollen in 3 bis 4 cm große Rauten abteilen und gut andrücken. Mit einem Messer dann an den angedrückten Stellen teilen.

05. Die Maultaschen in einem großen Topf in reichlich kochendem Salzwasser 10 bis 12 Minuten garen, mit dem Schaumlöffel herausheben, abtropfen lassen und mit dem Petersilienpesto servieren. Nach Belieben mit in einer Mischung aus Mehl und Paprikapulver gewendeten, ausgebackenen Zwiebelringen garnieren.

ZUTATEN
FÜR 4 PERSONEN

FÜR DIE MAULTASCHEN:

+ **375 g Mehl**
+ **Salz**
+ **3 Eier**
+ **3 EL Öl**
+ **300 g Blattspinat (tiefgekühlt)**
+ **1 Zwiebel**
+ **1 EL Butter**
+ **400 g Kalbsbrät (oder feines Bratwurstbrät)**
+ **2 EL Paniermehl**
+ **½ TL abgeriebene unbehandelte Zitronenschale**
+ **Pfeffer aus der Mühle**
+ **frisch geriebene Muskatnuss**
+ **Mehl zum Ausrollen**

FÜR DAS PESTO:

+ **60 g Petersilienblätter**
+ **10 g Liebstöckelblätter**
+ **60 g geriebener Parmesan**
+ **30 g geröstete Pinienkerne**
+ **150 ml Traubenkernöl**
+ **Salz • Pfeffer aus der Mühle**

TORTELLINI
MIT KÜRBIS, SPECK UND SALBEI

ZUBEREITUNG

01. Aus Mehl, Eiern, Öl und ½ TL Salz einen Nudelteig kneten (siehe Innenklappe hinten) und diesen zugedeckt etwa 30 Minuten ruhen lassen.

02. Für die Füllung den Spinat verlesen und waschen, grobe Stiele entfernen. Den Spinat kurz in kochendem Salzwasser blanchieren. In ein Sieb abgießen, kalt abschrecken, gut ausdrücken und fein hacken. Den Spinat mit Ricotta, Parmesan und Eigelb mischen und mit Salz, Pfeffer und Muskatnuss würzen.

03. Den Speck in feine Streifen, das Kürbisfruchtfleisch in Würfel schneiden. Den Salbei waschen, trocken schütteln, die Blätter abzupfen und in Streifen schneiden.

04. Den Teig auf der bemehlten Arbeitsfläche portionsweise dünn ausrollen und Kreise von etwa 6 cm Durchmesser ausstechen. Auf jeden Teigkreis 2 TL Füllung geben, die Ränder mit Eiweiß bestreichen, die Kreise zu Halbkreisen schließen und die Ränder festdrücken. Die Ränder hochklappen und die beiden Spitzen der Halbkreise jeweils fest zusammendrücken, sodass runde Tortellini entstehen. Die Tortellini in kochendem Salzwasser etwa 6 Minuten garen.

05. Die Butter in einer großen Pfanne erhitzen und den Speck mit dem Kürbis darin anbraten. Etwas Nudelkochwasser dazugeben und 3 bis 4 Minuten garen. Den Salbei untermischen und den Kürbis mit Salz und Pfeffer abschmecken. Die Tortellini in ein Sieb abgießen, abtropfen lassen und unter den Kürbis mischen. Auf Teller verteilen und servieren.

ZUTATEN
FÜR 4 PERSONEN

+ **400 g Mehl**
+ **4 Eier**
+ **1 EL Öl**
+ **Salz**
+ **100 g Blattspinat**
+ **250 g Ricotta**
+ **50 g geriebener Parmesan**
+ **1 Eigelb**
+ **Pfeffer aus der Mühle**
+ **frisch geriebene Muskatnuss**
+ **100 g durchwachsener Räucherspeck**
+ **300 g Kürbisfruchtfleisch (z. B. Hokkaidokürbis)**
+ **1–2 Stiele Salbei**
+ **Mehl für die Arbeitsfläche**
+ **1 Eiweiß (verquirlt)**
+ **2 EL Butter**

NUDELNESTER
IN PERGAMENT

ZUBEREITUNG

01. Den Knoblauch schälen und in feine Würfel schneiden. In einer Pfanne 2 EL Öl erhitzen. Den Knoblauch darin andünsten und aus der Pfanne nehmen. Die Dosentomaten ohne Saft im Knoblauchöl 10 Minuten köcheln lassen, dann mit dem Stabmixer pürieren. Mit Salz und Pfeffer kräftig würzen und nochmals etwa 10 Minuten einkochen lassen. Den Backofen auf 200°C vorheizen.

02. Die Spaghetti nach Packungsanweisung in reichlich kochendem Salzwasser bissfest garen.

03. Inzwischen die Tomaten überbrühen, häuten, vierteln und entkernen. Das Fruchtfleisch in Würfel schneiden. Die Petersilie waschen und trocken schütteln, die Blätter von den Stielen zupfen und fein hacken. Die Oliven in Scheiben schneiden.

04. Die Spaghetti in ein Sieb abgießen und abtropfen lassen. Mit der Tomatensauce, den Tomatenwürfeln, den Oliven und 1 EL Petersilie mischen. 8 Blatt Pergamentpapier (à etwa 25 x 25 cm) mit dem restlichen Öl bestreichen.

05. Die Tomatennudeln zu 8 Nestern formen und jeweils in die Mitte des Papiers setzen. Je 1 Scheibe Pancetta, 1 Sardellenfilet und etwas Petersilie daraufgeben. Das Papier über der Füllung zusammenfalten.

06. Die Nudelpäckchen auf das Blech setzen und im Backofen auf der zweiten Schiene von unten etwa 15 Minuten garen. Zum Servieren das Papier aufschlagen und die Nester mit Parmesanspänen bestreuen.

ZUTATEN
FÜR 4 PERSONEN

+ 1 Knoblauchzehe
+ 4 EL Olivenöl
+ 240 g geschälte Tomaten (aus der Dose)
+ Salz • Pfeffer aus der Mühle
+ 400 g Spaghetti
+ 500 g Tomaten
+ 1 Bund Petersilie
+ 50 g schwarze Oliven (ohne Stein)
+ 8 Scheiben Pancetta (ital. Bauchspeck)
+ 8 Sardellenfilets (in Öl)
+ 50 g frisch gehobelter Parmesan

REZEPTREGISTER

IMPRESSUM

© **2016 ZS VERLAG GmbH**
Türkenstraße 9
D-80333 München
1. Auflage 2016
ISBN 978-3-89883-536-7

Projektleitung: Katharina Wolf, Natalia Fischer
Lektorat: ZS-Team
Grafik Design & Artdirection: Seidldesign
Grafik & Satz: Irene Schulz, Kerstin Duben
Herstellung: Peter Karg-Cordes
Producing: Jan Russok
Druck & Bindung: Neografia, Martin

Die ZS Verlag GmbH ist ein Unternehmen der Edel AG, Hamburg.
www.zs-verlag.com
www.facebook.com/zs-verlag

BILDNACHWEIS

Umschlag: Eising Studio|Food Photo & Video: vorne; StockFood: S. Eising: hinten
Innenklappe: Jan-Peter Westermann (vorne); Susie Eising (hinten).
Außenklappe: Susie Eising (hinten)
Innenteil: Walter Cimbal: 103, 109, 112, 113, 125; Jan-Peter Westermann: 121; STOCKFOOD: Steve Baxter: 83; Bayside: 37; Uwe Bender: 45; Michael Boyny: 81; Oliver Brachat: 47; Stefan Braun: 78; Caggiano Photography: 2 (u.), 20, 105; Rua Castilho: 33; Jean Cazals: 39, 42, 59; Cultura: 85; Pete A. Eising: 118; S. Eising: 2 (o.), 13, 15, 19, 23, 29, 31, 35, 41, 43, 51, 55, 54, 55, 57, 61, 63, 64, 65, 67, 68, 69, 73, 75, 77, 79, 88, 89, 91, 95, 97, 106, 107; Foodphotography Eising: 2 (r.), 58, 82, 111, 115; Sheri Giblin: 16; Michael Grand: 9; Michael Hart: 2 (l.), 7; KenField Photography Ltd.: 93; Dave King: 87; Danny Lerner: 117; Mario Matassa: 92; Alison Miksch: 17; R&R Publications Marketing Pty Ltd.: 25; Tina Rupp: 123; Sporrer/Skowronek: 32; Martina Urban: 21; Elisabeth Watt: 10, 11, 50; Frank Wieder: 119; Tanya Zouev: 99